ARABISCH
WOORDENSCHAT

THEMATISCHE WOORDENLIJST

NEDERLANDS
ARABISCH

De meest bruikbare woorden
Om uw woordenschat uit te breiden en
uw taalvaardigheid aan te scherpen

5000 woorden

Thematische woordenschat Nederlands-Arabisch - 5000 woorden
Door Andrey Taranov

Woordenlijsten van T&P Books zijn bedoeld om u woorden van een vreemde taal te helpen leren, onthouden, en bestudering. Dit woordenboek is ingedeeld in thema's en behandelt alle belangrijk terreinen van het dagelijkse leven, bedrijven, wetenschap, cultuur, etc.

Het proces van het leren van woorden met behulp van de op thema's gebaseerde aanpak van T&P Books biedt u de volgende voordelen:

- Correct gegroepeerde informatie is bepalend voor succes bij opeenvolgende stadia van het leren van woorden
- De beschikbaarheid van woorden die van dezelfde stam zijn maakt het mogelijk om woordgroepen te onthouden (in plaats van losse woorden)
- Kleine groepen van woorden faciliteren het proces van het aanmaken van associatieve verbindingen, die nodig zijn bij het consolideren van de woordenschat
- Het niveau van talenkennis kan worden ingeschat door het aantal geleerde woorden

Copyright © 2017 T&P Books Publishing

Alle rechten voorbehouden. Niets uit deze uitgave mag worden verveelvoudigd, opgeslagen in een geautomatiseerd gegevensbestand en/of openbaar gemaakt in enige vorm of op enige wijze, hetzij elektronisch, mechanisch, door fotokopieën, opnamen of op enige andere manier zonder voorafgaande schriftelijke toestemming van de uitgever. U mag dit boek niet verspreiden in welk formaat dan ook.

T&P Books Publishing
www.tpbooks.com

ISBN: 978-1-78716-727-8

Dit boek is ook beschikbaar in e-boek formaat.
Gelieve www.tpbooks.com te bezoeken of de belangrijkste online boekwinkels.

ARABISCHE WOORDENSCHAT
nieuwe woorden leren

T&P Books woordenlijsten zijn bedoeld om u te helpen vreemde woorden te leren, te onthouden, en te bestuderen. De woordenschat bevat meer dan 5000 veel gebruikte woorden die thematisch geordend zijn.

- De woordenlijst bevat de meest gebruikte woorden
- Aanbevolen als aanvulling bij welke taalcursus dan ook
- Voldoet aan de behoeften van de beginnende en gevorderde student in vreemde talen
- Geschikt voor dagelijks gebruik, bestudering en zelftestactiviteiten
- Maakt het mogelijk om uw woordenschat te evalueren

Bijzondere kenmerken van de woordenschat

- De woorden zijn gerangschikt naar hun betekenis, niet volgens alfabet
- De woorden worden weergegeven in drie kolommen om bestudering en zelftesten te vergemakkelijken
- Woorden in groepen worden verdeeld in kleine blokken om het leerproces te vergemakkelijken
- De woordenschat biedt een handige en eenvoudige beschrijving van elk buitenlands woord

De woordenschat bevat 155 onderwerpen zoals:

Basisconcepten, getallen, kleuren, maanden, seizoenen, meeteenheden, kleding en accessoires, eten & voeding, restaurant, familieleden, verwanten, karakter, gevoelens, emoties, ziekten, stad, dorp, bezienswaardigheden, winkelen, geld, huis, thuis, kantoor, werken op kantoor, import & export, marketing, werk zoeken, sport, onderwijs, computer, internet, gereedschap, natuur, landen, nationaliteiten en meer ...

INHOUDSOPGAVE

Uitspraakgids	9
Afkortingen	10

BASISBEGRIPPEN 11
Basisbegrippen Deel 1 11

1. Voornaamwoorden 11
2. Begroetingen. Begroetingen. Afscheid 11
3. Hoe aan te spreken 12
4. Kardinale getallen. Deel 1 12
5. Kardinale getallen. Deel 2 13
6. Ordinale getallen 14
7. Getallen. Breuken 14
8. Getallen. Eenvoudige berekeningen 14
9. Getallen. Diversen 14
10. De belangrijkste werkwoorden. Deel 1 15
11. De belangrijkste werkwoorden. Deel 2 16
12. De belangrijkste werkwoorden. Deel 3 17
13. De belangrijkste werkwoorden. Deel 4 18
14. Kleuren 19
15. Vragen 19
16. Voorzetsels 20
17. Functiewoorden. Bijwoorden. Deel 1 20
18. Functiewoorden. Bijwoorden. Deel 2 22

Basisbegrippen Deel 2 24

19. Dagen van de week 24
20. Uren. Dag en nacht 24
21. Maanden. Seizoenen 25
22. Meeteenheden 27
23. Containers 27

MENS 29
Mens. Het lichaam 29

24. Hoofd 29
25. Menselijk lichaam 30

Kleding en accessoires 31

26. Bovenkleding. Jassen 31
27. Heren & dames kleding 31

28. Kleding. Ondergoed	32
29. Hoofddeksels	32
30. Schoeisel	32
31. Persoonlijke accessoires	33
32. Kleding. Diversen	33
33. Persoonlijke verzorging. Schoonheidsmiddelen	34
34. Horloges. Klokken	35

Voedsel. Voeding 36

35. Voedsel	36
36. Drankjes	37
37. Groenten	38
38. Vruchten. Noten	39
39. Brood. Snoep	40
40. Bereide gerechten	40
41. Kruiden	41
42. Maaltijden	42
43. Tafelschikking	42
44. Restaurant	43

Familie, verwanten en vrienden 44

45. Persoonlijke informatie. Formulieren	44
46. Familieleden. Verwanten	44

Geneeskunde 46

47. Ziekten	46
48. Symptomen. Behandelingen. Deel 1	47
49. Symptomen. Behandelingen. Deel 2	48
50. Symptomen. Behandelingen. Deel 3	49
51. Artsen	50
52. Geneeskunde. Medicijnen. Accessoires	50

HET MENSELIJKE LEEFGEBIED 52
Stad 52

53. Stad. Het leven in de stad	52
54. Stedelijke instellingen	53
55. Borden	54
56. Stedelijk vervoer	55
57. Bezienswaardigheden	56
58. Winkelen	57
59. Geld	58
60. Post. Postkantoor	59

Woning. Huis. Thuis 60

61. Huis. Elektriciteit	60

62.	Villa. Herenhuis	60
63.	Appartement	60
64.	Meubels. Interieur	61
65.	Beddengoed	62
66.	Keuken	62
67.	Badkamer	63
68.	Huishoudelijke apparaten	64

MENSELIJKE ACTIVITEITEN		65
Baan. Business. Deel 1		65
69.	Kantoor. Op kantoor werken	65
70.	Bedrijfsprocessen. Deel 1	66
71.	Bedrijfsprocessen. Deel 2	67
72.	Productie. Werken	68
73.	Contract. Overeenstemming	69
74.	Import & Export	70
75.	Financiën	70
76.	Marketing	71
77.	Reclame	72
78.	Bankieren	72
79.	Telefoon. Telefoongesprek	73
80.	Mobiele telefoon	74
81.	Schrijfbehoeften	74
82.	Soorten bedrijven	75

Baan. Business. Deel 2		77
83.	Show. Tentoonstelling	77
84.	Wetenschap. Onderzoek. Wetenschappers	78

Beroepen en ambachten		79
85.	Zoeken naar werk. Ontslag	79
86.	Zakenmensen	79
87.	Dienstverlenende beroepen	80
88.	Militaire beroepen en rangen	81
89.	Ambtenaren. Priesters	82
90.	Agrarische beroepen	82
91.	Kunst beroepen	83
92.	Verschillende beroepen	83
93.	Beroepen. Sociale status	85

Onderwijs		86
94.	School	86
95.	Hogeschool. Universiteit	87
96.	Wetenschappen. Disciplines	88
97.	Schrift. Spelling	88
98.	Vreemde talen	89

Rusten. Entertainment. Reizen	91
99. Trip. Reizen	91
100. Hotel	91

TECHNISCHE APPARATUUR. VERVOER	93
Technische apparatuur	93
101. Computer	93
102. Internet. E-mail	94
103. Elektriciteit	95
104. Gereedschappen	95

Vervoer	98
105. Vliegtuig	98
106. Trein	99
107. Schip	100
108. Vliegveld	101

Gebeurtenissen in het leven	103
109. Vakanties. Evenement	103
110. Begrafenissen. Begrafenis	104
111. Oorlog. Soldaten	104
112. Oorlog. Militaire acties. Deel 1	105
113. Oorlog. Militaire acties. Deel 2	107
114. Wapens	108
115. Oude mensen	110
116. Middeleeuwen	111
117. Leider. Baas. Autoriteiten	112
118. De wet overtreden. Criminelen. Deel 1	113
119. De wet overtreden. Criminelen. Deel 2	114
120. Politie. Wet. Deel 1	115
121. Politie. Wet. Deel 2	116

NATUUR	118
De Aarde. Deel 1	118
122. De kosmische ruimte	118
123. De Aarde	119
124. Windrichtingen	120
125. Zee. Oceaan	120
126. Namen van zeeën en oceanen	121
127. Bergen	122
128. Bergen namen	123
129. Rivieren	123
130. Namen van rivieren	124
131. Bos	124
132. Natuurlijke hulpbronnen	125

De Aarde. Deel 2   127

133. Weer   127
134. Zwaar weer. Natuurrampen   128

Fauna   129

135. Zoogdieren. Roofdieren   129
136. Wilde dieren   129
137. Huisdieren   130
138. Vogels   131
139. Vis. Zeedieren   133
140. Amfibieën. Reptielen   133
141. Insecten   134

Flora   135

142. Bomen   135
143. Heesters   135
144. Vruchten. Bessen   136
145. Bloemen. Planten   137
146. Granen, graankorrels   138

LANDEN. NATIONALITEITEN   139

147. West-Europa   139
148. Centraal- en Oost-Europa   139
149. Voormalige USSR landen   140
150. Azië   140
151. Noord-Amerika   141
152. Midden- en Zuid-Amerika   141
153. Afrika   142
154. Australië. Oceanië   142
155. Steden   142

UITSPRAAKGIDS

T&P fonetisch alfabet	Arabisch voorbeeld	Nederlands voorbeeld
[a]	[ṭaffa] طفّى	acht
[ā]	[iχtār] إختار	aan, maart
[e]	[hamburger] هامبورجر	delen, spreken
[i]	[zifāf] زفاف	bidden, tint
[ī]	[abrīl] أبريل	team, portier
[u]	[kalkutta] كلكتا	hoed, doe
[ū]	[ǧāmūs] جاموس	neus, treurig
[b]	[bidāya] بداية	hebben
[d]	[saʿāda] سعادة	Dank u, honderd
[ḍ]	[waḍʿ] وضع	faryngale [d]
[ʒ]	[arʒantīn] الأرجنتين	journalist, rouge
[ð]	[tiðkār] تذكار	emfatische th - [z☐]
[ẓ]	[ẓahar] ظهر	faryngale [z]
[f]	[χafīf] خفيف	feestdag, informeren
[g]	[gūlf] جولف	goal, tango
[h]	[ittiʒāh] إتجاه	het, herhalen
[ḥ]	[aḥabb] أحبّ	faryngale [h]
[y]	[ðahabiy] ذهبي	New York, januari
[k]	[kursiy] كرسي	kennen, kleur
[l]	[lamaḥ] لمح	delen, luchter
[m]	[marṣad] مرصد	morgen, etmaal
[n]	[ʒanūb] جنوب	nemen, zonder
[p]	[kaputʃīnu] كابتشينو	parallel, koper
[q]	[waθiq] وثق	kennen, kleur
[r]	[rūḥ] روح	roepen, breken
[s]	[suχriyya] سخريّة	spreken, kosten
[ṣ]	[miʿṣam] معصم	faryngale [s]
[ʃ]	[ʿaʃāʾ] عشاء	shampoo, machine
[t]	[tannūb] تنّوب	tomaat, taart
[ṭ]	[χarīṭa] خريطة	faryngale [t]
[θ]	[mamūθ] ماموث	Stemloze dentaal, Engels - thank you
[v]	[vitnām] فيتنام	beloven, schrijven
[w]	[waddaʿ] ودّع	twee, willen
[χ]	[baχīl] بخيل	licht, school
[ɣ]	[taɣadda] تغدّى	liegen, gaan
[z]	[māʿiz] ماعز	zeven, zesde
[ʿ] (ayn)	[sabʿa] سبعة	stemhebbende faryngale fricatief
[ʾ] (hamza)	[saʾal] سأل	glottisslag

AFKORTINGEN
gebruikt in de woordenschat

Arabische afkortingen

du	- dubbel meervoudig zelfstandig naamwoord
f	- vrouwelijk zelfstandig naamwoord
m	- mannelijk zelfstandig naamwoord
pl	- meervoud

Nederlandse afkortingen

abn	- als bijvoeglijk naamwoord
bijv.	- bijvoorbeeld
bn	- bijvoeglijk naamwoord
bw	- bijwoord
enk.	- enkelvoud
enz.	- enzovoort
form.	- formele taal
inform.	- informele taal
mann.	- mannelijk
mil.	- militair
mv.	- meervoud
on.ww.	- onovergankelijk werkwoord
ontelb.	- ontelbaar
ov.	- over
ov.ww.	- overgankelijk werkwoord
telb.	- telbaar
vn	- voornaamwoord
vrouw.	- vrouwelijk
vw	- voegwoord
vz	- voorzetsel
wisk.	- wiskunde
ww	- werkwoord

Nederlandse artikelen

de	- gemeenschappelijk geslacht
de/het	- gemeenschappelijk geslacht, onzijdig
het	- onzijdig

BASISBEGRIPPEN

Basisbegrippen Deel 1

1. Voornaamwoorden

ik	ana	أنا
jij, je (mann.)	anta	أنت
jij, je (vrouw.)	anti	أنت
hij	huwa	هو
zij, ze	hiya	هي
wij, we	naḥnu	نحن
jullie	antum	أنتم
zij, ze	hum	هم

2. Begroetingen. Begroetingen. Afscheid

Hallo!	as salāmu 'alaykum!	السلام عليكم!
Goedemorgen!	ṣabāḥ al xayr!	صباح الخير!
Goedemiddag!	nahārak sa'īd!	نهارك سعيد!
Goedenavond!	masā' al xayr!	مساء الخير!
gedag zeggen (groeten)	sallam	سلّم
Hoi!	salām!	سلام!
groeten (het)	salām (m)	سلام
verwelkomen (ww)	sallam 'ala	سلّم على
Hoe gaat het?	kayfa ḥāluka?	كيف حالك؟
Is er nog nieuws?	ma axbārak?	ما أخبارك؟
Dag! Tot ziens!	ma' as salāma!	مع السلامة!
Tot snel! Tot ziens!	ilal liqā'!	إلى اللقاء!
Vaarwel!	ma' as salāma!	مع السلامة!
afscheid nemen (ww)	wadda'	ودّع
Tot kijk!	bay bay!	باي باي!
Dank u!	ʃukran!	شكرًا!
Dank u wel!	ʃukran ʒazīlan!	شكرًا جزيلًا!
Graag gedaan	'afwan	عفوا
Geen dank!	la ʃukr 'ala wāʒib	لا شكر على واجب
Geen moeite.	al 'afw	العفو
Excuseer me, … (inform.)	'an iðnak!	عن أذنك!
Excuseer me, … (form.)	'afwan!	عفوًا!
excuseren (verontschuldigen)	'aðar	عذر
zich verontschuldigen	i'taðar	إعتذر
Mijn excuses.	ana 'āsif	أنا آسف

Het spijt me!	la tu'āχiðni!	لا تؤاخذني!
vergeven (ww)	'afa	عفا
alsjeblieft	min faḍlak	من فضلك
Vergeet het niet!	la tansa!	لا تنس!
Natuurlijk!	ṭab'an!	طبعًا!
Natuurlijk niet!	abadan!	أبدًا!
Akkoord!	ittafaqna!	إتّفقنا!
Zo is het genoeg!	kifāya!	كفاية!

3. Hoe aan te spreken

meneer	ya sayyid	يا سيّد
mevrouw	ya sayyida	يا سيدة
juffrouw	ya 'ānisa	يا آنسة
jongeman	ya ustāð	يا أستاذ
jongen	ya bni	يا بني
meisje	ya binti	يا بنتي

4. Kardinale getallen. Deel 1

nul	ṣifr	صفر
een	wāḥid	واحد
een (vrouw.)	wāḥida	واحدة
twee	iθnān	إثنان
drie	θalāθa	ثلاثة
vier	arba'a	أربعة
vijf	χamsa	خمسة
zes	sitta	ستّة
zeven	sab'a	سبعة
acht	θamāniya	ثمانية
negen	tis'a	تسعة
tien	'aʃara	عشرة
elf	aḥad 'aʃar	أحد عشر
twaalf	iθnā 'aʃar	إثنا عشر
dertien	θalāθat 'aʃar	ثلاثة عشر
veertien	arba'at 'aʃar	أربعة عشر
vijftien	χamsat 'aʃar	خمسة عشر
zestien	sittat 'aʃar	ستّة عشر
zeventien	sab'at 'aʃar	سبعة عشر
achttien	θamāniyat 'aʃar	ثمانية عشر
negentien	tis'at 'aʃar	تسعة عشر
twintig	'iʃrūn	عشرون
eenentwintig	wāḥid wa 'iʃrūn	واحد وعشرون
tweeëntwintig	iθnān wa 'iʃrūn	إثنان وعشرون
drieëntwintig	θalāθa wa 'iʃrūn	ثلاثة وعشرون
dertig	θalāθīn	ثلاثون
eenendertig	wāḥid wa θalāθūn	واحد وثلاثون

tweeëndertig	iθnān wa θalāθūn	إثنان وثلاثون
drieëndertig	θalāθa wa θalāθūn	ثلاثة وثلاثون
veertig	arbaʿūn	أربعون
eenenveertig	wāḥid wa arbaʿūn	واحد وأربعون
tweeënveertig	iθnān wa arbaʿūn	إثنان وأربعون
drieënveertig	θalāθa wa arbaʿūn	ثلاثة وأربعون
vijftig	χamsūn	خمسون
eenenvijftig	wāḥid wa χamsūn	واحد وخمسون
tweeënvijftig	iθnān wa χamsūn	إثنان وخمسون
drieënvijftig	θalāθa wa χamsūn	ثلاثة وخمسون
zestig	sittūn	ستّون
eenenzestig	wāḥid wa sittūn	واحد وستّون
tweeënzestig	iθnān wa sittūn	إثنان وستّون
drieënzestig	θalāθa wa sittūn	ثلاثة وستّون
zeventig	sabʿūn	سبعون
eenenzeventig	wāḥid wa sabʿūn	واحد وسبعون
tweeënzeventig	iθnān wa sabʿūn	إثنان وسبعون
drieënzeventig	θalāθa wa sabʿūn	ثلاثة وسبعون
tachtig	θamānūn	ثمانون
eenentachtig	wāḥid wa θamānūn	واحد وثمانون
tweeëntachtig	iθnān wa θamānūn	إثنان وثمانون
drieëntachtig	θalāθa wa θamānūn	ثلاثة وثمانون
negentig	tisʿūn	تسعون
eenennegentig	wāḥid wa tisʿūn	واحد وتسعون
tweeënnegentig	iθnān wa tisʿūn	إثنان وتسعون
drieënnegentig	θalāθa wa tisʿūn	ثلاثة وتسعون

5. Kardinale getallen. Deel 2

honderd	miʾa	مائة
tweehonderd	miʾatān	مائتان
driehonderd	θalāθumiʾa	ثلاثمائة
vierhonderd	rubʿumiʾa	أربعمائة
vijfhonderd	χamsumiʾa	خمسمائة
zeshonderd	sittumiʾa	ستّمائة
zevenhonderd	sabʿumiʾa	سبعمائة
achthonderd	θamānimiʾa	ثمانمائة
negenhonderd	tisʿumiʾa	تسعمائة
duizend	alf	ألف
tweeduizend	alfān	ألفان
drieduizend	θalāθat ʾālāf	ثلاثة آلاف
tienduizend	ʿaʃarat ʾālāf	عشرة آلاف
honderdduizend	miʾat alf	مائة ألف
miljoen (het)	milyūn (m)	مليون
miljard (het)	milyār (m)	مليار

6. Ordinale getallen

eerste (bn)	awwal	أوّل
tweede (bn)	θāni	ثان
derde (bn)	θāliθ	ثالث
vierde (bn)	rābiʻ	رابع
vijfde (bn)	χāmis	خامس
zesde (bn)	sādis	سادس
zevende (bn)	sābiʻ	سابع
achtste (bn)	θāmin	ثامن
negende (bn)	tāsiʻ	تاسع
tiende (bn)	ʻāʃir	عاشر

7. Getallen. Breuken

breukgetal (het)	kasr (m)	كسر
half	niṣf	نصف
een derde	θulθ	ثلث
kwart	rubʻ	ربع
een achtste	θumn	ثمن
een tiende	ʻuʃr	عشر
twee derde	θulθān	ثلثان
driekwart	talātit arbāʻ	ثلاثة أرباع

8. Getallen. Eenvoudige berekeningen

aftrekking (de)	ṭarḥ (m)	طرح
aftrekken (ww)	ṭaraḥ	طرح
deling (de)	qisma (f)	قسمة
delen (ww)	qasam	قسم
optelling (de)	ʒamʻ (m)	جمع
erbij optellen	ʒamaʻ	جمع
(bij elkaar voegen)		
optellen (ww)	ʒamaʻ	جمع
vermenigvuldiging (de)	ḍarb (m)	ضرب
vermenigvuldigen (ww)	ḍarab	ضرب

9. Getallen. Diversen

cijfer (het)	raqm (m)	رقم
nummer (het)	ʻadad (m)	عدد
telwoord (het)	ism al ʻadad (m)	إسم العدد
minteken (het)	nāqiṣ (m)	ناقص
plusteken (het)	zāʼid (m)	زائد
formule (de)	ṣīɣa (f)	صيغة
berekening (de)	ḥisāb (m)	حساب

tellen (ww)	'add	عدَّ
bijrekenen (ww)	ḥasab	حسب
vergelijken (ww)	qāran	قارن |//
Hoeveel?	kam?	كم؟
som (de), totaal (het)	maʒmū' (m)	مجموع
uitkomst (de)	natīʒa (f)	نتيجة
rest (de)	al bāqi (m)	الباقي
enkele (bijv. ~ minuten)	'iddat	عدّة
weinig (bw)	qalīl	قليل
restant (het)	al bāqi (m)	الباقي
anderhalf	wāḥid wa niṣf (m)	واحد ونصف
dozijn (het)	iθnā 'aʃar (f)	إثنا عشر
middendoor (bw)	ila ʃaṭrayn	إلى شطرين
even (bw)	bit tasāwi	بالتساوى
helft (de)	niṣf (m)	نصف
keer (de)	marra (f)	مرّة

10. De belangrijkste werkwoorden. Deel 1

aanbevelen (ww)	naṣaḥ	نصح
aandringen (ww)	aṣarr	أصرّ
aankomen (per auto, enz.)	waṣal	وصل
aanraken (ww)	lamas	لمس
adviseren (ww)	naṣaḥ	نصح
afdalen (on.ww.)	nazil	نزل
afslaan (naar rechts ~)	in'aṭaf	إنعطف
antwoorden (ww)	aʒāb	أجاب
bang zijn (ww)	χāf	خاف
bedreigen (bijv. met een pistool)	haddad	هدّد
bedriegen (ww)	χada'	خدع
beëindigen (ww)	atamm	أتمّ
beginnen (ww)	bada'	بدأ
begrijpen (ww)	fahim	فهم
beheren (managen)	adār	أدار
beledigen (met scheldwoorden)	ahān	أهان
beloven (ww)	wa'ad	وعد
bereiden (koken)	ḥaḍḍar	حضّر
bespreken (spreken over)	nāqaʃ	ناقش
bestellen (eten ~)	ṭalab	طلب
bestraffen (een stout kind ~)	'āqab	عاقب
betalen (ww)	dafa'	دفع
betekenen (beduiden)	'ana	عنى
betreuren (ww)	nadim	ندم
bevallen (prettig vinden)	a'ʒab	أعجب
bevelen (mil.)	amar	أمر

bevrijden (stad, enz.)	ḥarrar	حرّر
bewaren (ww)	ḥafaẓ	حفظ
bezitten (ww)	malak	ملك
bidden (praten met God)	ṣalla	صلّى
binnengaan (een kamer ~)	daxal	دخل
breken (ww)	kasar	كسر
controleren (ww)	taḥakkam	تحكّم
creëren (ww)	xalaq	خلق
deelnemen (ww)	iʃtarak	إشترك
denken (ww)	ẓann	ظنّ
doden (ww)	qatal	قتل
doen (ww)	ʿamal	عمل
dorst hebben (ww)	arād an yaʃrab	أراد أن يشرب

11. De belangrijkste werkwoorden. Deel 2

een hint geven	aʿta talmīḥ	أعطى تلميحًا
eisen (met klem vragen)	ṭālib	طالب
existeren (bestaan)	kān mawʒūd	كان موجودًا
gaan (te voet)	maʃa	مشى
gaan zitten (ww)	ʒalas	جلس
gaan zwemmen	sabaḥ	سبح
geven (ww)	aʿta	أعطى
glimlachen (ww)	ibtasam	إبتسم
goed raden (ww)	xamman	خمّن
grappen maken (ww)	mazaḥ	مزح
graven (ww)	ḥafar	حفر
hebben (ww)	malak	ملك
helpen (ww)	sāʿad	ساعد
herhalen (opnieuw zeggen)	karrar	كرّر
honger hebben (ww)	arād an yaʾkul	أراد أن يأكل
hopen (ww)	tamanna	تمنّى
horen (waarnemen met het oor)	samiʿ	سمع
huilen (wenen)	baka	بكى
huren (huis, kamer)	istaʾʒar	إستأجر
informeren (informatie geven)	axbar	أخبر
instemmen (akkoord gaan)	ittafaq	إتّفق
jagen (ww)	iṣṭād	إصطاد
kennen (kennis hebben van iemand)	ʿaraf	عرف
kiezen (ww)	ixtār	إختار
klagen (ww)	ʃaka	شكا
kosten (ww)	kallaf	كلّف
kunnen (ww)	istaṭāʿ	إستطاع
lachen (ww)	ḍaḥik	ضحك

laten vallen (ww)	awqaʿ	أوقع
lezen (ww)	qara'	قرأ
liefhebben (ww)	aḥabb	أحبّ
lunchen (ww)	tayadda	تغدّى
nemen (ww)	axað	أخذ
nodig zijn (ww)	kān maṭlūb	كان مطلوبا

12. De belangrijkste werkwoorden. Deel 3

onderschatten (ww)	istaxaff	إستخفّ
ondertekenen (ww)	waqqaʿ	وقّع
ontbijten (ww)	afṭar	أفطر
openen (ww)	fataḥ	فتح
ophouden (ww)	tawaqqaf	توقّف
opmerken (zien)	lāḥaẓ	لاحظ
opscheppen (ww)	tabāha	تباهى
opschrijven (ww)	katab	كتب
plannen (ww)	xaṭṭaṭ	خطّط
prefereren (verkiezen)	faḍḍal	فضّل
proberen (trachten)	ḥāwal	حاول
redden (ww)	anqað	أنقذ
rekenen op ...	iʿtamad ʿala ...	إعتمد على...
rennen (ww)	ʒara	جرى
reserveren (een hotelkamer ~)	haʒaz	حجز
roepen (om hulp)	istayāθ	إستغاث
schieten (ww)	aṭlaq an nār	أطلق النار
schreeuwen (ww)	ṣarax	صرخ
schrijven (ww)	katab	كتب
souperen (ww)	taʿaʃʃa	تعشّى
spelen (kinderen)	laʿib	لعب
spreken (ww)	takallam	تكلّم
stelen (ww)	saraq	سرق
stoppen (pauzeren)	waqaf	وقف
studeren (Nederlands ~)	daras	درس
sturen (zenden)	arsal	أرسل
tellen (optellen)	ʿadd	عدّ
toebehoren aan ...	xaṣṣ	خصّ
toestaan (ww)	raxxaṣ	رخّص
tonen (ww)	ʿaraḍ	عرض
twijfelen (onzeker zijn)	ʃakk fi	شكّ في
uitgaan (ww)	xaraʒ	خرج
uitnodigen (ww)	daʿa	دعا
uitspreken (ww)	naṭaq	نطق
uitvaren tegen (ww)	wabbax	وبّخ

13. De belangrijkste werkwoorden. Deel 4

vallen (ww)	saqaṭ	سقط
vangen (ww)	amsak	أمسك
veranderen (anders maken)	ɣayyar	غيّر
verbaasd zijn (ww)	indahaʃ	إندهش
verbergen (ww)	χaba'	خبأ
verdedigen (je land ~)	dāfaʿ	دافع
verenigen (ww)	waḥḥad	وحّد
vergelijken (ww)	qāran	قارن
vergeten (ww)	nasiy	نسي
vergeven (ww)	ʿafa	عفا
verklaren (uitleggen)	ʃaraḥ	شرح
verkopen (per stuk ~)	bāʿ	باع
vermelden (praten over)	ðakar	ذكر
versieren (decoreren)	zayyan	زيّن
vertalen (ww)	tarʒam	ترجم
vertrouwen (ww)	waθiq	وثق
vervolgen (ww)	istamarr	إستمرّ
verwarren (met elkaar ~)	iχtalaṭ	إختلط
verzoeken (ww)	ṭalab	طلب
verzuimen (school, enz.)	ɣāb	غاب
vinden (ww)	waʒad	وجد
vliegen (ww)	ṭār	طار
volgen (ww)	tabaʿ	تبع
voorstellen (ww)	iqtaraḥ	إقترح
voorzien (verwachten)	tanabba'	تنبّأ
vragen (ww)	sa'al	سأل
waarnemen (ww)	rāqab	راقب
waarschuwen (ww)	ḥaððar	حذّر
wachten (ww)	intaẓar	إنتظر
weerspreken (ww)	iʿtaraḍ	إعترض
weigeren (ww)	rafaḍ	رفض
werken (ww)	ʿamal	عمل
weten (ww)	ʿaraf	عرف
willen (verlangen)	arād	أراد
zeggen (ww)	qāl	قال
zich haasten (ww)	istaʿʒal	إستعجل
zich interesseren voor ...	ihtamm	إهتمّ
zich vergissen (ww)	aχṭa'	أخطأ
zich verontschuldigen	iʿtaðar	إعتذر
zien (ww)	ra'a	رأى
zijn (ww)	kān	كان
zoeken (ww)	baḥaθ	بحث
zwemmen (ww)	sabaḥ	سبح
zwijgen (ww)	sakat	سكت

14. Kleuren

kleur (de)	lawn (m)	لون
tint (de)	daraʒat al lawn (m)	درجة اللون
kleurnuance (de)	ṣabɣit lūn (f)	لون
regenboog (de)	qaws quzaḥ (m)	قوس قزح
wit (bn)	abyaḍ	أبيض
zwart (bn)	aswad	أسود
grijs (bn)	ramādiy	رمادي
groen (bn)	axḍar	أخضر
geel (bn)	aṣfar	أصفر
rood (bn)	aḥmar	أحمر
blauw (bn)	azraq	أزرق
lichtblauw (bn)	azraq fātiḥ	أزرق فاتح
roze (bn)	wardiy	وردي
oranje (bn)	burtuqāliy	برتقالي
violet (bn)	banafsaʒiy	بنفسجي
bruin (bn)	bunniy	بني
goud (bn)	ðahabiy	ذهبي
zilverkleurig (bn)	fiḍḍiy	فضي
beige (bn)	bɛːʒ	بيج
roomkleurig (bn)	ʿāʒiy	عاجي
turkoois (bn)	fayrūziy	فيروزي
kersrood (bn)	karaziy	كرزي
lila (bn)	laylakiy	ليلكي
karmijnrood (bn)	qirmiziy	قرمزي
licht (bn)	fātiḥ	فاتح
donker (bn)	ɣāmiq	غامق
fel (bn)	zāhi	زاه
kleur-, kleurig (bn)	mulawwan	ملوّن
kleuren- (abn)	mulawwan	ملوّن
zwart-wit (bn)	abyaḍ wa aswad	أبيض وأسود
eenkleurig (bn)	waḥīd al lawn, sāda	وحيد اللون, سادة
veelkleurig (bn)	mutaʿaddid al alwān	متعدّد الألوان

15. Vragen

Wie?	man?	من؟
Wat?	māða?	ماذا؟
Waar?	ayna?	أين؟
Waarheen?	ila ayna?	إلى أين؟
Waarvandaan?	min ayna?	من أين؟
Wanneer?	mata?	متى؟
Waarom?	li māða?	لماذا؟
Waarom?	li māða?	لماذا؟
Waarvoor dan ook?	li māða?	لماذا؟

Hoe?	kayfa?	كيف؟
Wat voor …?	ay?	أي؟
Welk?	ay?	أي؟
Aan wie?	li man?	لمن؟
Over wie?	'amman?	عمّن؟
Waarover?	'amma?	عمّا؟
Met wie?	ma' man?	مع من؟
Hoeveel?	kam?	كم؟
Van wie? (mann.)	li man?	لمن؟

16. Voorzetsels

met (bijv. ~ beleg)	ma'	مع
zonder (~ accent)	bi dūn	بدون
naar (in de richting van)	ila	إلى
over (praten ~)	'an	عن
voor (in tijd)	qabl	قبل
voor (aan de voorkant)	amām	أمام
onder (lager dan)	taḥt	تحت
boven (hoger dan)	fawq	فوق
op (bovenop)	'ala	على
van (uit, afkomstig van)	min	من
van (gemaakt van)	min	من
over (bijv. ~ een uur)	ba'd	بعد
over (over de bovenkant)	'abr	عبر

17. Functiewoorden. Bijwoorden. Deel 1

Waar?	ayna?	أين؟
hier (bw)	huna	هنا
daar (bw)	hunāk	هناك
ergens (bw)	fi makānin ma	في مكان ما
nergens (bw)	la fi ay makān	لا في أي مكان
bij … (in de buurt)	bi ʒānib	بجانب
bij het raam	bi ʒānib aʃ ʃubbāk	بجانب الشبّاك
Waarheen?	ila ayna?	إلى أين؟
hierheen (bw)	huna	هنا
daarheen (bw)	hunāk	هناك
hiervandaan (bw)	min huna	من هنا
daarvandaan (bw)	min hunāk	من هناك
dichtbij (bw)	qarīban	قريبًا
ver (bw)	ba'īdan	بعيدًا
in de buurt (van …)	'ind	عند
dichtbij (bw)	qarīban	قريبًا

Nederlands	Transliteratie	Arabisch
niet ver (bw)	ɣayr ba'īd	غير بعيد
linker (bn)	al yasār	اليسار
links (bw)	'alaʃ ʃimāl	على الشمال
linksaf, naar links (bw)	ilaʃ ʃimāl	إلى الشمال
rechter (bn)	al yamīn	اليمين
rechts (bw)	'alal yamīn	على اليمين
rechtsaf, naar rechts (bw)	llal yamīn	إلى اليمين
vooraan (bw)	min al amām	من الأمام
voorste (bn)	amāmiy	أماميّ
vooruit (bw)	ilal amām	إلى الأمام
achter (bw)	warā'	وراء
van achteren (bw)	min al warā'	من الوراء
achteruit (naar achteren)	ilal warā'	إلى الوراء
midden (het)	wasaṭ (m)	وسط
in het midden (bw)	fil wasaṭ	في الوسط
opzij (bw)	bi ʒānib	بجانب
overal (bw)	fi kull makān	في كل مكان
omheen (bw)	ḥawl	حول
binnenuit (bw)	min ad dāxil	من الداخل
naar ergens (bw)	ila ayy makān	إلى أيّ مكان
rechtdoor (bw)	bi aqṣar ṭarīq	بأقصر طريق
terug (bijv. ~ komen)	'īyāban	إياباً
ergens vandaan (bw)	min ayy makān	من أي مكان
ergens vandaan (en dit geld moet ~ komen)	min makānin ma	من مكان ما
ten eerste (bw)	awwalan	أوّلاً
ten tweede (bw)	θāniyan	ثانياً
ten derde (bw)	θāliθan	ثالثاً
plotseling (bw)	faʒ'a	فجأة
in het begin (bw)	fil bidāya	في البداية
voor de eerste keer (bw)	li 'awwal marra	لأوّل مرّة
lang voor ... (bw)	qabl ... bi mudda ṭawīla	قبل...بمدّة طويلة
opnieuw (bw)	min ʒadīd	من جديد
voor eeuwig (bw)	ilal abad	إلى الأبد
nooit (bw)	abadan	أبداً
weer (bw)	min ʒadīd	من جديد
nu (bw)	al 'ān	الآن
vaak (bw)	kaθīran	كثيراً
toen (bw)	fi ðalika al waqt	في ذلك الوقت
urgent (bw)	'āʒilan	عاجلاً
meestal (bw)	kal 'āda	كالعادة
trouwens, ... (tussen haakjes)	'ala fikra ...	على فكرة...
mogelijk (bw)	min al mumkin	من الممكن
waarschijnlijk (bw)	la'alla	لعلّ

misschien (bw)	min al mumkin	من الممكن
trouwens (bw)	bil iḍāfa ila ðalik ...	بالإضافة إلى...
daarom ...	li ðalik	لذلك
in weerwil van ...	bir raɣm min ...	بالرغم من...
dankzij ...	bi faḍl ...	بفضل...
wat (vn)	allaði	الذي
dat (vw)	anna	أنَّ
iets (vn)	ʃay' (m)	شيء
iets	ʃay' (m)	شيء
niets (vn)	la ʃay'	لا شيء
wie (~ is daar?)	allaði	الذي
iemand (een onbekende)	aḥad	أحد
iemand (een bepaald persoon)	aḥad	أحد
niemand (vn)	la aḥad	لا أحد
nergens (bw)	la ila ay makān	لا إلى أي مكان
niemands (bn)	la yaxuṣṣ aḥad	لا يخص أحدًا
iemands (bn)	li aḥad	لأحد
zo (Ik ben ~ blij)	hakaða	هكذا
ook (evenals)	kaðalika	كذلك
alsook (eveneens)	ayḍan	أيضًا

18. Functiewoorden. Bijwoorden. Deel 2

Waarom?	li māða?	لماذا؟
om een bepaalde reden	li sababin ma	لسبب ما
omdat ...	li'anna ...	لأنَّ...
voor een bepaald doel	li amr mā	لأمر ما
en (vw)	wa	و
of (vw)	aw	أو
maar (vw)	lakin	لكن
voor (vz)	li	لـ
te (~ veel mensen)	kaθīran ʒiddan	كثير جدًّا
alleen (bw)	faqaṭ	فقط
precies (bw)	biḍ ḍabṭ	بالضبط
ongeveer (~ 10 kg)	naḥw	نحو
omstreeks (bw)	taqrīban	تقريبًا
bij benadering (bn)	taqrībiy	تقريبيّ
bijna (bw)	taqrīban	تقريبًا
rest (de)	al bāqi (m)	الباقي
elk (bn)	kull	كلّ
om het even welk	ayy	أيّ
veel (grote hoeveelheid)	kaθīr	كثير
veel mensen	kaθīr min an nās	كثير من الناس
iedereen (alle personen)	kull an nās	كل الناس
in ruil voor ...	muqābil ...	مقابل...

in ruil (bw)	muqābil	مقابل
met de hand (bw)	bil yad	باليد
onwaarschijnlijk (bw)	hayhāt	هيهات
waarschijnlijk (bw)	la'alla	لعلَّ
met opzet (bw)	qaṣdan	قصدا
toevallig (bw)	ṣudfa	صدفة
zeer (bw)	ʒiddan	جدًّا
bijvoorbeeld (bw)	maθalan	مثلا
tussen (~ twee steden)	bayn	بين
tussen (te midden van)	bayn	بين
zoveel (bw)	haðihi al kammiyya	هذه الكمية
vooral (bw)	χāṣṣa	خاصّة

Basisbegrippen Deel 2

19. Dagen van de week

maandag (de)	yawm al iθnayn (m)	يوم الإثنين
dinsdag (de)	yawm aθ θulāθā' (m)	يوم الثلاثاء
woensdag (de)	yawm al arbi'ā' (m)	يوم الأربعاء
donderdag (de)	yawm al χamīs (m)	يوم الخميس
vrijdag (de)	yawm al ʒum'a (m)	يوم الجمعة
zaterdag (de)	yawm as sabt (m)	يوم السبت
zondag (de)	yawm al aḥad (m)	يوم الأحد
vandaag (bw)	al yawm	اليوم
morgen (bw)	ɣadan	غدًا
overmorgen (bw)	ba'd ɣad	بعد غد
gisteren (bw)	ams	أمس
eergisteren (bw)	awwal ams	أوّل أمس
dag (de)	yawm (m)	يوم
werkdag (de)	yawm 'amal (m)	يوم عمل
feestdag (de)	yawm al 'uṭla ar rasmiyya (m)	يوم العطلة الرسمية
verlofdag (de)	yawm 'uṭla (m)	يوم عطلة
weekend (het)	ayyām al 'uṭla (pl)	أيام العطلة
de hele dag (bw)	ṭūl al yawm	طول اليوم
de volgende dag (bw)	fil yawm at tāli	في اليوم التالي
twee dagen geleden	min yawmayn	قبل يومين
aan de vooravond (bw)	fil yawm as sābiq	في اليوم السابق
dag-, dagelijks (bn)	yawmiy	يومي
elke dag (bw)	yawmiyyan	يوميًا
week (de)	usbū' (m)	أسبوع
vorige week (bw)	fil isbū' al māḍi	في الأسبوع الماضي
volgende week (bw)	fil isbū' al qādim	في الأسبوع القادم
wekelijks (bn)	usbū'iy	أسبوعي
elke week (bw)	usbū'iyyan	أسبوعيًا
twee keer per week	marratayn fil usbū'	مرّتين في الأسبوع
elke dinsdag	kull yawm aθ θulaθā'	كل يوم الثلاثاء

20. Uren. Dag en nacht

morgen (de)	ṣabāḥ (m)	صباح
's morgens (bw)	fiṣ ṣabāḥ	في الصباح
middag (de)	ẓuhr (m)	ظهر
's middags (bw)	ba'd aẓ ẓuhr	بعد الظهر
avond (de)	masā' (m)	مساء
's avonds (bw)	fil masā'	في المساء

nacht (de)	layl (m)	ليل
's nachts (bw)	bil layl	بالليل
middernacht (de)	muntaṣif al layl (m)	منتصف الليل
seconde (de)	θāniya (f)	ثانية
minuut (de)	daqīqa (f)	دقيقة
uur (het)	sā'a (f)	ساعة
halfuur (het)	niṣf sā'a (m)	نصف ساعة
kwartier (het)	rub' sā'a (f)	ربع ساعة
vijftien minuten	χamsat 'aʃar daqīqa	خمس عشرة دقيقة
etmaal (het)	yawm kāmil (m)	يوم كامل
zonsopgang (de)	ʃurūq aʃ ʃams (m)	شروق الشمس
dageraad (de)	faʒr (m)	فجر
vroege morgen (de)	ṣabāḥ bākir (m)	صباح باكر
zonsondergang (de)	ɣurūb aʃ ʃams (m)	غروب الشمس
's morgens vroeg (bw)	fis ṣabāḥ al bākir	في الصباح الباكر
vanmorgen (bw)	al yawm fiṣ ṣabāḥ	اليوم في الصباح
morgenochtend (bw)	ɣadan fiṣ ṣabāḥ	غدًا في الصباح
vanmiddag (bw)	al yawm ba'd aẓ ẓuhr	اليوم بعد الظهر
's middags (bw)	ba'd aẓ ẓuhr	بعد الظهر
morgenmiddag (bw)	ɣadan ba'd aẓ ẓuhr	غدًا بعد الظهر
vanavond (bw)	al yawm fil masā'	اليوم في المساء
morgenavond (bw)	ɣadan fil masā'	غدًا في المساء
klokslag drie uur	fis sā'a aθ θāliθa tamāman	في الساعة الثالثة تمامًا
ongeveer vier uur	fis sā'a ar rābi'a taqrīban	في الساعة الرابعة تقريبا
tegen twaalf uur	ḥattas sā'a aθ θāniya 'aʃara	حتى الساعة الثانية عشرة
over twintig minuten	ba'd 'iʃrīn daqīqa	بعد عشرين دقيقة
over een uur	ba'd sā'a	بعد ساعة
op tijd (bw)	fi maw'idih	في موعده
kwart voor ...	illa rub'	إلا ربع
binnen een uur	ṭiwāl sā'a	طوال الساعة
elk kwartier	kull rub' sā'a	كل ربع ساعة
de klok rond	layl nahār	ليل نهار

21. Maanden. Seizoenen

januari (de)	yanāyir (m)	يناير
februari (de)	fibrāyir (m)	فبراير
maart (de)	māris (m)	مارس
april (de)	abrīl (m)	أبريل
mei (de)	māyu (m)	مايو
juni (de)	yūnyu (m)	يونيو
juli (de)	yūlyu (m)	يوليو
augustus (de)	aɣusṭus (m)	أغسطس
september (de)	sibtambar (m)	سبتمبر
oktober (de)	uktūbir (m)	أكتوبر
november (de)	nuvimbar (m)	نوفمبر

december (de)	disimbar (m)	ديسمبر
lente (de)	rabīʻ (m)	ربيع
in de lente (bw)	fir rabīʻ	في الربيع
lente- (abn)	rabīʻiy	ربيعي
zomer (de)	ṣayf (m)	صيف
in de zomer (bw)	fiṣ ṣayf	في الصيف
zomer-, zomers (bn)	ṣayfiy	صيفي
herfst (de)	χarīf (m)	خريف
in de herfst (bw)	fil χarīf	في الخريف
herfst- (abn)	χarīfiy	خريفي
winter (de)	ʃitāʼ (m)	شتاء
in de winter (bw)	fiʃ ʃitāʼ	في الشتاء
winter- (abn)	ʃitawiy	شتوي
maand (de)	ʃahr (m)	شهر
deze maand (bw)	fi haða aʃ ʃahr	في هذا الشهر
volgende maand (bw)	fiʃ ʃahr al qādim	في الشهر القادم
vorige maand (bw)	fiʃ ʃahr al māḍi	في الشهر الماضي
een maand geleden (bw)	qabl ʃahr	قبل شهر
over een maand (bw)	baʻd ʃahr	بعد شهر
over twee maanden (bw)	baʻd ʃahrayn	بعد شهرين
de hele maand (bw)	ṭūl aʃ ʃahr	طول الشهر
een volle maand (bw)	ʃahr kāmil	شهر كامل
maand-, maandelijks (bn)	ʃahriy	شهري
maandelijks (bw)	kull ʃahr	كل شهر
elke maand (bw)	kull ʃahr	كل شهر
twee keer per maand	marratayn fiʃ ʃahr	مرّتين في الشهر
jaar (het)	sana (f)	سنة
dit jaar (bw)	fi haðihi as sana	في هذه السنة
volgend jaar (bw)	fis sana al qādima	في السنة القادمة
vorig jaar (bw)	fis sana al māḍiya	في السنة الماضية
een jaar geleden (bw)	qabla sana	قبل سنة
over een jaar	baʻd sana	بعد سنة
over twee jaar	baʻd sanatayn	بعد سنتين
het hele jaar	ṭūl as sana	طول السنة
een vol jaar	sana kāmila	سنة كاملة
elk jaar	kull sana	كل سنة
jaar-, jaarlijks (bn)	sanawiy	سنوي
jaarlijks (bw)	kull sana	كل سنة
4 keer per jaar	arbaʻ marrāt fis sana	أربع مرّات في السنة
datum (de)	tarīχ (m)	تاريخ
datum (de)	tarīχ (m)	تاريخ
kalender (de)	taqwīm (m)	تقويم
een half jaar	niṣf sana (m)	نصف سنة
zes maanden	niṣf sana (m)	نصف سنة
seizoen (bijv. lente, zomer)	faṣl (m)	فصل
eeuw (de)	qarn (m)	قرن

22. Meeteenheden

gewicht (het)	wazn (m)	وزن
lengte (de)	ṭūl (m)	طول
breedte (de)	ʻarḍ (m)	عرض
hoogte (de)	irtifāʻ (m)	إرتفاع
diepte (de)	ʻumq (m)	عمق
volume (het)	ḥaʒm (m)	حجم
oppervlakte (de)	misāḥa (f)	مساحة
gram (het)	grām (m)	جرام
milligram (het)	milliɣrām (m)	مليغرام
kilogram (het)	kiluɣrām (m)	كيلوغرام
ton (duizend kilo)	ṭunn (m)	طن
pond (het)	raṭl (m)	رطل
ons (het)	ūnṣa (f)	أونصة
meter (de)	mitr (m)	متر
millimeter (de)	millimitr (m)	مليمتر
centimeter (de)	santimitr (m)	سنتيمتر
kilometer (de)	kilumitr (m)	كيلومتر
mijl (de)	mīl (m)	ميل
duim (de)	būṣa (f)	بوصة
voet (de)	qadam (f)	قدم
yard (de)	yārda (f)	ياردة
vierkante meter (de)	mitr murabbaʻ (m)	متر مربّع
hectare (de)	hiktār (m)	هكتار
liter (de)	litr (m)	لتر
graad (de)	daraʒa (f)	درجة
volt (de)	vūlt (m)	فولت
ampère (de)	ambīr (m)	أمبير
paardenkracht (de)	ḥiṣān (m)	حصان
hoeveelheid (de)	kammiyya (f)	كمّيّة
een beetje ...	qalīl ...	قليل...
helft (de)	niṣf (m)	نصف
dozijn (het)	iθnā ʻaʃar (f)	إثنا عشر
stuk (het)	waḥda (f)	وحدة
afmeting (de)	ḥaʒm (m)	حجم
schaal (bijv. ~ van 1 op 50)	miqyās (m)	مقياس
minimaal (bn)	al adna	الأدنى
minste (bn)	al aṣɣar	الأصغر
medium (bn)	mutawassiṭ	متوسّط
maximaal (bn)	al aqṣa	الأقصى
grootste (bn)	al akbar	الأكبر

23. Containers

glazen pot (de)	barṭamān (m)	برطمان
blik (conserven~)	tanaka (f)	تنكة

emmer (de)	ʒardal (m)	جردل
ton (bijv. regenton)	barmīl (m)	برميل
ronde waterbak (de)	ḥawḍ lil ɣasīl (m)	حوض للغسيل
tank (bijv. watertank-70-ltr)	xazzān (m)	خزّان
heupfles (de)	zamzamiyya (f)	زمزميّة
jerrycan (de)	ʒirikan (m)	جركن
tank (bijv. ketelwagen)	xazzān (m)	خزّان
beker (de)	māgg (m)	ماجّ
kopje (het)	finʒān (m)	فنجان
schoteltje (het)	ṭabaq finʒān (m)	طبق فنجان
glas (het)	kubbāya (f)	كبّاية
wijnglas (het)	kaʾs (f)	كأس
pan (de)	kassirūlla (f)	كاسرولة
fles (de)	zuʒāʒa (f)	زجاجة
flessenhals (de)	ʿunq (m)	عنق
karaf (de)	dawraq zuʒāʒiy (m)	دورق زجاجيّ
kruik (de)	ibrīq (m)	إبريق
vat (het)	ināʾ (m)	إناء
pot (de)	aṣīṣ (m)	أصيص
vaas (de)	vāza (f)	فازة
flacon (de)	zuʒāʒa (f)	زجاجة
flesje (het)	zuʒāʒa (f)	زجاجة
tube (bijv. ~ tandpasta)	umbūba (f)	أنبوبة
zak (bijv. ~ aardappelen)	kīs (m)	كيس
tasje (het)	kīs (m)	كيس
pakje (~ sigaretten, enz.)	ʿulba (f)	علبة
doos (de)	ʿulba (f)	علبة
kist (de)	ṣundūʾ (m)	صندوق
mand (de)	salla (f)	سلّة

MENS

Mens. Het lichaam

24. Hoofd

hoofd (het)	ra's (m)	رأس
gezicht (het)	waʒh (m)	وجه
neus (de)	anf (m)	أنف
mond (de)	fam (m)	فم
oog (het)	ʿayn (f)	عين
ogen (mv.)	ʿuyūn (pl)	عيون
pupil (de)	ḥadaqa (f)	حدقة
wenkbrauw (de)	ḥāʒib (m)	حاجب
wimper (de)	rimʃ (m)	رمش
ooglid (het)	ʒafn (m)	جفن
tong (de)	lisān (m)	لسان
tand (de)	sinn (f)	سن
lippen (mv.)	ʃifāh (pl)	شفاه
jukbeenderen (mv.)	ʿizām waʒhiyya (pl)	عظام وجهيّة
tandvlees (het)	liθθa (f)	لثة
gehemelte (het)	ḥanak (m)	حنك
neusgaten (mv.)	minxarān (du)	منخران
kin (de)	ðaqan (m)	ذقن
kaak (de)	fakk (m)	فكّ
wang (de)	xadd (m)	خدّ
voorhoofd (het)	ʒabha (f)	جبهة
slaap (de)	ṣudɣ (m)	صدغ
oor (het)	uðun (f)	أذن
achterhoofd (het)	qafa (m)	قفا
hals (de)	raqaba (f)	رقبة
keel (de)	ḥalq (m)	حلق
haren (mv.)	ʃaʿr (m)	شعر
kapsel (het)	tasrīḥa (f)	تسريحة
haarsnit (de)	tasrīḥa (f)	تسريحة
pruik (de)	barūka (f)	باروكة
snor (de)	ʃawārib (pl)	شوارب
baard (de)	liḥya (f)	لحية
dragen (een baard, enz.)	ʿindahu	عنده
vlecht (de)	ḍifīra (f)	ضفيرة
bakkebaarden (mv.)	sawālif (pl)	سوالف
ros (roodachtig, rossig)	aḥmar aʃ ʃaʿr	أحمر الشعر
grijs (~ haar)	abyaḍ	أبيض

kaal (bn)	aṣlaʿ	أصلع
kale plek (de)	ṣalaʿ (m)	صلع
paardenstaart (de)	ðayl ḥiṣān (m)	ذيل حصان
pony (de)	quṣṣa (f)	قصّة

25. Menselijk lichaam

hand (de)	yad (m)	يد
arm (de)	ðirāʿ (f)	ذراع
vinger (de)	iṣbaʿ (m)	إصبع
teen (de)	iṣbaʿ al qadam (m)	إصبع القدم
duim (de)	ibhām (m)	إبهام
pink (de)	χunṣur (m)	خنصر
nagel (de)	ẓufr (m)	ظفر
vuist (de)	qabḍa (f)	قبضة
handpalm (de)	kaff (f)	كفّ
pols (de)	miʿṣam (m)	معصم
voorarm (de)	sāʿid (m)	ساعد
elleboog (de)	mirfaq (m)	مرفق
schouder (de)	katf (f)	كتف
been (rechter ~)	riʒl (f)	رجل
voet (de)	qadam (f)	قدم
knie (de)	rukba (f)	ركبة
kuit (de)	sammāna (f)	سمّانة
heup (de)	faχð (f)	فخذ
hiel (de)	ʿaqb (m)	عقب
lichaam (het)	ʒism (m)	جسم
buik (de)	baṭn (m)	بطن
borst (de)	ṣadr (m)	صدر
borst (de)	θady (m)	ثدي
zijde (de)	ʒamb (m)	جنب
rug (de)	ẓahr (m)	ظهر
lage rug (de)	asfal aẓ ẓahr (m)	أسفل الظهر
taille (de)	χaṣr (m)	خصر
navel (de)	surra (f)	سرّة
billen (mv.)	ardāf (pl)	أرداف
achterwerk (het)	dubr (m)	دبر
huidvlek (de)	ʃāma (f)	شامة
moedervlek (de)	waḥma	وحمة
tatoeage (de)	waʃm (m)	وشم
litteken (het)	nadba (f)	ندبة

Kleding en accessoires

26. Bovenkleding. Jassen

kleren (mv.)	malābis (pl)	ملابس
bovenkleding (de)	malābis fawqāniyya (pl)	ملابس فوقانيّة
winterkleding (de)	malābis ʃitawiyya (pl)	ملابس شتويّة
jas (de)	miʿṭaf (m)	معطف
bontjas (de)	miʿṭaf farw (m)	معطف فرو
bontjasje (het)	ʒakīt farw (m)	جاكيت فرو
donzen jas (de)	haʃiyyat rīʃ (m)	حشية ريش
jasje (bijv. een leren ~)	ʒakīt (m)	جاكيت
regenjas (de)	miʿṭaf lil maṭar (m)	معطف للمطر
waterdicht (bn)	ṣāmid lil māʾ	صامد للماء

27. Heren & dames kleding

overhemd (het)	qamīṣ (m)	قميص
broek (de)	banṭalūn (m)	بنطلون
jeans (de)	ʒīnz (m)	جينز
colbert (de)	sutra (f)	سترة
kostuum (het)	badla (f)	بدلة
jurk (de)	fustān (m)	فستان
rok (de)	tannūra (f)	تنّورة
blouse (de)	blūza (f)	بلوزة
wollen vest (de)	kardigān (m)	كارديجان
blazer (kort jasje)	ʒakīt (m)	جاكيت
T-shirt (het)	ti ʃirt (m)	تي شيرت
shorts (mv.)	ʃūrt (m)	شورت
trainingspak (het)	badlat at tadrīb (f)	بدلة التدريب
badjas (de)	θawb ḥammām (m)	ثوب حمّام
pyjama (de)	biʒāma (f)	بيجاما
sweater (de)	bulūvir (m)	بلوفر
pullover (de)	bulūvir (m)	بلوفر
gilet (het)	ṣudayriy (m)	صديريّ
rokkostuum (het)	badlat sahra (f)	بدلة سهرة
smoking (de)	smūkin (m)	سموكن
uniform (het)	zayy muwaḥḥad (m)	زي موحّد
werkkleding (de)	θiyāb al ʿamal (m)	ثياب العمل
overall (de)	uvirūl (m)	اوفرول
doktersjas (de)	θawb (m)	ثوب

28. Kleding. Ondergoed

ondergoed (het)	malābis dāxiliyya (pl)	ملابس داخليّة
herenslip (de)	sirwāl dāxiliy riʒāliy (m)	سروال داخلي رجاليّ
slipjes (mv.)	sirwāl dāxiliy nisāʼiy (m)	سروال داخلي نسائيّ
onderhemd (het)	qamīṣ bila aqmām (m)	قميص بلا أكمام
sokken (mv.)	ʒawārib (pl)	جوارب
nachthemd (het)	qamīṣ nawm (m)	قميص نوم
beha (de)	ḥammālat ṣadr (f)	حمّالة صدر
kniekousen (mv.)	ʒawārib ṭawīla (pl)	جوارب طويلة
panty (de)	ʒawārib kulūn (pl)	جوارب كولون
nylonkousen (mv.)	ʒawārib nisāʼiyya (pl)	جوارب نسائية
badpak (het)	libās sibāḥa (m)	لباس سباحة

29. Hoofddeksels

hoed (de)	qubbaʻa (f)	قبّعة
deukhoed (de)	burnayṭa (f)	برنيطة
honkbalpet (de)	kāb baysbūl (m)	كاب بيسبول
kleppet (de)	qubbaʻa musaṭṭaḥa (f)	قبّعة مسطحة
baret (de)	birīh (m)	بيريه
kap (de)	ɣiṭāʼ (m)	غطاء
panamahoed (de)	qubbaʻat banāma (f)	قبّعة بناما
gebreide muts (de)	qubbāʻa maḥbūka (m)	قبّعة محبوكة
hoofddoek (de)	ʼīʃārb (m)	إيشارب
dameshoed (de)	burnayṭa (f)	برنيطة
veiligheidshelm (de)	xūða (f)	خوذة
veldmuts (de)	kāb (m)	كاب
helm, valhelm (de)	xūða (f)	خوذة
bolhoed (de)	qubbaʻat dirbi (f)	قبّعة ديربي
hoge hoed (de)	qubbaʻa ʻāliya (f)	قبّعة عالية

30. Schoeisel

schoeisel (het)	aḥðiya (pl)	أحذية
schoenen (mv.)	ʒazma (f)	جزمة
vrouwenschoenen (mv.)	ʒazma (f)	جزمة
laarzen (mv.)	būt (m)	بوت
pantoffels (mv.)	ʃibʃib (m)	شبشب
sportschoenen (mv.)	ḥiðāʼ riyāḍiy (m)	حذاء رياضيّ
sneakers (mv.)	kutʃi (m)	كوتشي
sandalen (mv.)	ṣandal (pl)	صندل
schoenlapper (de)	iskāfiy (m)	إسكافيّ
hiel (de)	kaʻb (m)	كعب

paar (een ~ schoenen)	zawʒ (m)	زوج
veter (de)	ʃarīṭ (m)	شريط
rijgen (schoenen ~)	rabaṭ	ربط
schoenlepel (de)	labbāsat ḥiðā' (f)	لبّاسة حذاء
schoensmeer (de/het)	warnīʃ al ḥiðā' (m)	ورنيش الحذاء

31. Persoonlijke accessoires

handschoenen (mv.)	quffāz (m)	قفّاز
wanten (mv.)	quffāz muɣlaq (m)	قفّاز مغلق
sjaal (fleece ~)	'īʃārb (m)	إيشارب
bril (de)	nazzāra (f)	نظّارة
brilmontuur (het)	iṭār (m)	إطار
paraplu (de)	ʃamsiyya (f)	شمسيّة
wandelstok (de)	'aṣa (f)	عصا
haarborstel (de)	furʃat ʃa'r (f)	فرشة شعر
waaier (de)	mirwaḥa yadawiyya (f)	مروحة يدويّة
das (de)	karavatta (f)	كرافتة
strikje (het)	babyūn (m)	ببيون
bretels (mv.)	ḥammāla (f)	حمّالة
zakdoek (de)	mandīl (m)	منديل
kam (de)	miʃṭ (m)	مشط
haarspeldje (het)	dabbūs (m)	دبّوس
schuifspeldje (het)	bansa (m)	بنسة
gesp (de)	bukla (f)	بكلة
broekriem (de)	ḥizām (m)	حزام
draagriem (de)	ḥammalat al katf (f)	حمّالة الكتف
handtas (de)	ʃanṭa (f)	شنطة
damestas (de)	ʃanṭat yad (f)	شنطة يد
rugzak (de)	ḥaqībat ẓahr (f)	حقيبة ظهر

32. Kleding. Diversen

mode (de)	mūḍa (f)	موضة
de mode (bn)	fil mūḍa	في الموضة
kledingstilist (de)	muṣammim azyā' (m)	مصمّم أزياء
kraag (de)	yāqa (f)	ياقة
zak (de)	ʒayb (m)	جيب
zak- (abn)	ʒayb	جيب
mouw (de)	kumm (m)	كمّ
lusje (het)	'allāqa (f)	علّاقة
gulp (de)	lisān (m)	لسان
rits (de)	zimām munzaliq (m)	زمام منزلق
sluiting (de)	miʃbak (m)	مشبك
knoop (de)	zirr (m)	زرّ

knoopsgat (het)	'urwa (f)	عروة
losraken (bijv. knopen)	waqa'	وقع
naaien (kleren, enz.)	xāṭ	خاط
borduren (ww)	ṭarraz	طرّز
borduursel (het)	taṭrīz (m)	تطريز
naald (de)	ibra (f)	إبرة
draad (de)	xayṭ (m)	خيط
naad (de)	darz (m)	درز
vies worden (ww)	tawassax	توسّخ
vlek (de)	buq'a (f)	بقعة
gekreukt raken (ov. kleren)	takarmaʃ	تكرمش
scheuren (ov.ww.)	qatta'	قطّع
mot (de)	'uθθa (f)	عثّة

33. Persoonlijke verzorging. Schoonheidsmiddelen

tandpasta (de)	ma'ʒūn asnān (m)	معجون أسنان
tandenborstel (de)	furʃat asnān (f)	فرشة أسنان
tanden poetsen (ww)	naẓẓaf al asnān	نظّف الأسنان
scheermes (het)	mūs ḥilāqa (m)	موس حلاقة
scheerschuim (het)	krīm ḥilāqa (m)	كريم حلاقة
zich scheren (ww)	ḥalaq	حلق
zeep (de)	ṣābūn (m)	صابون
shampoo (de)	ʃāmbū (m)	شامبو
schaar (de)	maqaṣṣ (m)	مقصّ
nagelvijl (de)	mibrad (m)	مبرد
nagelknipper (de)	milqaṭ (m)	ملقط
pincet (het)	milqaṭ (m)	ملقط
cosmetica (mv.)	mawādd at taʒmīl (pl)	موادّ التجميل
masker (het)	mask (m)	ماسك
manicure (de)	manikūr (m)	مانيكور
manicure doen	'amal manikūr	عمل مانيكور
pedicure (de)	badikīr (m)	باديكير
cosmetica tasje (het)	ḥaqībat adawāt at taʒmīl (f)	حقيبة أدوات التجميل
poeder (de/het)	budrat waʒh (f)	بودرة وجه
poederdoos (de)	'ulbat būdra (f)	علبة بودرة
rouge (de)	aḥmar xudūd (m)	أحمر خدود
parfum (de/het)	'iṭr (m)	عطر
eau de toilet (de)	kulūnya (f)	كولونيا
lotion (de)	lusiyun (m)	لوسيون
eau de cologne (de)	kulūniya (f)	كولونيا
oogschaduw (de)	ay ʃaduw (m)	اي شادو
oogpotlood (het)	kuḥl al 'uyūn (m)	كحل العيون
mascara (de)	maskara (f)	ماسكارا
lippenstift (de)	aḥmar ʃifāh (m)	أحمر شفاه

nagellak (de)	mulammiʿ al aẓāfir (m)	ملمِّع الأظافر
haarlak (de)	muθabbit aʃʃaʿr (m)	مثبِّت الشعر
deodorant (de)	muzīl rawā'iḥ (m)	مزيل روائح

crème (de)	krīm (m)	كريم
gezichtscrème (de)	krīm lil waʒh (m)	كريم للوجه
handcrème (de)	krīm lil yadayn (m)	كريم لليدين
antirimpelcrème (de)	krīm muḍādd lit taʒāʿīd (m)	كريم مضاد للتجاعيد
dagcrème (de)	krīm an nahār (m)	كريم النهار
nachtcrème (de)	krīm al layl (m)	كريم الليل
dag- (abn)	nahāriy	نهاري
nacht- (abn)	layliy	ليلي

tampon (de)	tambūn (m)	تانبون
toiletpapier (het)	waraq ḥammām (m)	ورق حمّام
föhn (de)	muʒaffif ʃaʿr (m)	مجفف شعر

34. Horloges. Klokken

polshorloge (het)	sāʿa (f)	ساعة
wijzerplaat (de)	waʒh as sāʿa (m)	وجه الساعة
wijzer (de)	ʿaqrab as sāʿa (m)	عقرب الساعة
metalen horlogeband (de)	siwār sāʿa maʿdaniyya (m)	سوار ساعة معدنية
horlogebandje (het)	siwār sāʿa (m)	سوار ساعة

batterij (de)	baṭṭāriyya (f)	بطّارية
leeg zijn (ww)	tafarraɣ	تفرَّغ
batterij vervangen	ɣayyar al baṭṭāriyya	غيَّر البطّارية
voorlopen (ww)	sabaq	سبق
achterlopen (ww)	taʾaxxar	تأخَّر

wandklok (de)	sāʿat ḥāʾiṭ (f)	ساعة حائط
zandloper (de)	sāʿa ramliyya (f)	ساعة رمليّة
zonnewijzer (de)	sāʿa ʃamsiyya (f)	ساعة شمسيّة
wekker (de)	munabbih (m)	منبِّه
horlogemaker (de)	saʿātiy (m)	ساعاتيّ
repareren (ww)	aṣlaḥ	أصلح

Voedsel. Voeding

35. Voedsel

vlees (het)	laḥm (m)	لحم
kip (de)	daʒāʒ (m)	دجاج
kuiken (het)	farrūʒ (m)	فروج
eend (de)	baṭṭa (f)	بطة
gans (de)	iwazza (f)	إوزة
wild (het)	ṣayd (m)	صيد
kalkoen (de)	daʒāʒ rūmiy (m)	دجاج رومي
varkensvlees (het)	laḥm al xinzīr (m)	لحم الخنزير
kalfsvlees (het)	laḥm il ʿiʒl (m)	لحم العجل
schapenvlees (het)	laḥm aḍ ḍa'n (m)	لحم الضأن
rundvlees (het)	laḥm al baqar (m)	لحم البقر
konijnenvlees (het)	arnab (m)	أرنب
worst (de)	suʒuq (m)	سجق
saucijs (de)	suʒuq (m)	سجق
spek (het)	bikūn (m)	بيكون
ham (de)	hām (m)	هام
gerookte achterham (de)	faxð xinzīr (m)	فخذ خنزير
paté (de)	maʿʒūn laḥm (m)	معجون لحم
lever (de)	kibda (f)	كبدة
gehakt (het)	ḥaʃwa (f)	حشوة
tong (de)	lisān (m)	لسان
ei (het)	bayḍa (f)	بيضة
eieren (mv.)	bayḍ (m)	بيض
eiwit (het)	bayāḍ al bayḍ (m)	بياض البيض
eigeel (het)	ṣafār al bayḍ (m)	صفار البيض
vis (de)	samak (m)	سمك
zeevruchten (mv.)	fawākih al baḥr (pl)	فواكه البحر
kaviaar (de)	kaviyār (m)	كافيار
krab (de)	salṭaʿūn (m)	سلطعون
garnaal (de)	ʒambari (m)	جمبري
oester (de)	maḥār (m)	محار
langoest (de)	karkand ʃāik (m)	كركند شائك
octopus (de)	uxṭubūṭ (m)	أخطبوط
inktvis (de)	kalmāri (m)	كالماري
steur (de)	samak al ḥaʃʃ (m)	سمك الحفش
zalm (de)	salmūn (m)	سلمون
heilbot (de)	samak al halbūt (m)	سمك الهلبوت
kabeljauw (de)	samak al qudd (m)	سمك القد
makreel (de)	usqumriy (m)	أسقمري

tonijn (de)	tūna (f)	تونة
paling (de)	ḥankalīs (m)	حنكليس
forel (de)	salmūn muraqqaṭ (m)	سلمون مرقّط
sardine (de)	sardīn (m)	سردين
snoek (de)	samak al karāki (m)	سمك الكراكي
haring (de)	rinʒa (f)	رنجة
brood (het)	xubz (m)	خبز
kaas (de)	ʒubna (f)	جبنة
suiker (de)	sukkar (m)	سكّر
zout (het)	milḥ (m)	ملح
rijst (de)	urz (m)	أرز
pasta (de)	makarūna (f)	مكرونة
noedels (mv.)	nūdlis (f)	نودلز
boter (de)	zubda (f)	زبدة
plantaardige olie (de)	zayt (m)	زيت
zonnebloemolie (de)	zayt ʿabīd aʃ ʃams (m)	زيت عبيد الشمس
margarine (de)	marɣarīn (m)	مرغرين
olijven (mv.)	zaytūn (m)	زيتون
olijfolie (de)	zayt az zaytūn (m)	زيت الزيتون
melk (de)	ḥalīb (m)	حليب
gecondenseerde melk (de)	ḥalīb mukaθθaf (m)	حليب مكثّف
yoghurt (de)	yūɣurt (m)	يوغورت
zure room (de)	krīma ḥāmiḍa (f)	كريمة حامضة
room (de)	krīma (f)	كريمة
mayonaise (de)	mayunīz (m)	مايونيز
crème (de)	krīmat zubda (f)	كريمة زبدة
graan (het)	ḥubūb (pl)	حبوب
meel (het), bloem (de)	daqīq (m)	دقيق
conserven (mv.)	muʿallabāt (pl)	معلّبات
maïsvlokken (mv.)	kurn fliks (m)	كورن فليكس
honing (de)	ʿasal (m)	عسل
jam (de)	murabba (m)	مربّى
kauwgom (de)	ʿilk (m)	علك

36. Drankjes

water (het)	māʾ (m)	ماء
drinkwater (het)	māʾ ʃurb (m)	ماء شرب
mineraalwater (het)	māʾ maʿdaniy (m)	ماء معدنيّ
zonder gas	bi dūn ɣāz	بدون غاز
koolzuurhoudend (bn)	mukarban	مكربن
bruisend (bn)	bil ɣāz	بالغاز
ijs (het)	θalʒ (m)	ثلج
met ijs	biθ θalʒ	بالثلج

alcohol vrij (bn)	bi dūn kuḥūl	بدون كحول
alcohol vrije drank (de)	maʃrūb ɣāziy (m)	مشروب غازي
frisdrank (de)	maʃrūb muθallaʒ (m)	مشروب مثلج
limonade (de)	ʃarāb laymūn (m)	شراب ليمون
alcoholische dranken (mv.)	maʃrūbāt kuḥūliyya (pl)	مشروبات كحولية
wijn (de)	nabīð (f)	نبيذ
witte wijn (de)	nibīð abyaḍ (m)	نبيذ أبيض
rode wijn (de)	nabīð aḥmar (m)	نبيذ أحمر
likeur (de)	liqiūr (m)	ليكيور
champagne (de)	ʃambāniya (f)	شمبانيا
vermout (de)	virmut (m)	فيرموث
whisky (de)	wiski (m)	وسكي
wodka (de)	vudka (f)	فودكا
gin (de)	ʒīn (m)	جين
cognac (de)	kunyāk (m)	كونياك
rum (de)	rum (m)	رم
koffie (de)	qahwa (f)	قهوة
zwarte koffie (de)	qahwa sāda (f)	قهوة سادة
koffie (de) met melk	qahwa bil ḥalīb (f)	قهوة بالحليب
cappuccino (de)	kaputʃīnu (m)	كابتشينو
oploskoffie (de)	niskafi (m)	نيسكافيه
melk (de)	ḥalīb (m)	حليب
cocktail (de)	kuktayl (m)	كوكتيل
milkshake (de)	milk ʃiyk (m)	ميلك شيك
sap (het)	ʿaṣīr (m)	عصير
tomatensap (het)	ʿaṣīr ṭamāṭim (m)	عصير طماطم
sinaasappelsap (het)	ʿaṣīr burtuqāl (m)	عصير برتقال
vers geperst sap (het)	ʿaṣīr ṭāziʒ (m)	عصير طازج
bier (het)	bīra (f)	بيرة
licht bier (het)	bīra xafīfa (f)	بيرة خفيفة
donker bier (het)	bīra ɣāmiqa (f)	بيرة غامقة
thee (de)	ʃāy (m)	شاي
zwarte thee (de)	ʃāy aswad (m)	شاي أسود
groene thee (de)	ʃāy axḍar (m)	شاي أخضر

37. Groenten

groenten (mv.)	xuḍār (pl)	خضار
verse kruiden (mv.)	xuḍrawāt waraqiyya (pl)	خضروات ورقيّة
tomaat (de)	ṭamāṭim (f)	طماطم
augurk (de)	xiyār (m)	خيار
wortel (de)	ʒazar (m)	جزر
aardappel (de)	baṭāṭis (f)	بطاطس
ui (de)	baṣal (m)	بصل
knoflook (de)	θūm (m)	ثوم

kool (de)	kurumb (m)	كرنب
bloemkool (de)	qarnabīṭ (m)	قرنبيط
spruitkool (de)	kurumb brūksil (m)	كرنب بروكسل
broccoli (de)	brukuli (m)	بركولي
rode biet (de)	banʒar (m)	بنجر
aubergine (de)	bātinʒān (m)	باذنجان
courgette (de)	kūsa (f)	كوسة
pompoen (de)	qarʻ (m)	قرع
raap (de)	lift (m)	لفت
peterselie (de)	baqdūnis (m)	بقدونس
dille (de)	ʃabat (m)	شبت
sla (de)	χass (m)	خسّ
selderij (de)	karafs (m)	كرفس
asperge (de)	halyūn (m)	هليون
spinazie (de)	sabāniχ (m)	سبانخ
erwt (de)	bisilla (f)	بسلة
bonen (mv.)	fūl (m)	فول
maïs (de)	ðura (f)	ذرة
boon (de)	faṣūliya (f)	فاصوليا
peper (de)	filfil (m)	فلفل
radijs (de)	fiʒl (m)	فجل
artisjok (de)	χurʃūf (m)	خرشوف

38. Vruchten. Noten

vrucht (de)	fākiha (f)	فاكهة
appel (de)	tuffāḥa (f)	تفاحة
peer (de)	kummaθra (f)	كمّثرى
citroen (de)	laymūn (m)	ليمون
sinaasappel (de)	burtuqāl (m)	برتقال
aardbei (de)	farawla (f)	فراولة
mandarijn (de)	yūsufiy (m)	يوسفي
pruim (de)	barqūq (m)	برقوق
perzik (de)	durrāq (m)	دراق
abrikoos (de)	miʃmiʃ (f)	مشمش
framboos (de)	tūt al ʻullayq al aḥmar (m)	توت العلّيق الأحمر
ananas (de)	ananās (m)	أناناس
banaan (de)	mawz (m)	موز
watermeloen (de)	baṭṭīχ aḥmar (m)	بطّيخ أحمر
druif (de)	ʻinab (m)	عنب
kers (de)	karaz (m)	كرز
meloen (de)	baṭṭīχ aṣfar (f)	بطّيخ أصفر
grapefruit (de)	zinbāʻ (m)	زنباع
avocado (de)	avukādu (f)	افوكاتو
papaja (de)	babāya (f)	بابايا
mango (de)	mangu (m)	مانجو
granaatappel (de)	rummān (m)	رمان

rode bes (de)	kiʃmiʃ aḥmar (m)	كشمش أحمر
zwarte bes (de)	ʻinab aθ θaʻlab al aswad (m)	عنب الثعلب الأسود
kruisbes (de)	ʻinab aθ θaʻlab (m)	عنب الثعلب
bosbes (de)	ʻinab al aḥrāʒ (m)	عنب الأحراج
braambes (de)	θamar al ʻullayk (m)	ثمر العليّق
rozijn (de)	zabīb (m)	زبيب
vijg (de)	tīn (m)	تين
dadel (de)	tamr (m)	تمر
pinda (de)	fūl sudāniy (m)	فول سودانيّ
amandel (de)	lawz (m)	لوز
walnoot (de)	ʻayn al ʒamal (f)	عين الجمل
hazelnoot (de)	bunduq (m)	بندق
kokosnoot (de)	ʒawz al hind (m)	جوز هند
pistaches (mv.)	fustuq (m)	فستق

39. Brood. Snoep

suikerbakkerij (de)	ḥalawiyyāt (pl)	حلويّات
brood (het)	χubz (m)	خبز
koekje (het)	baskawīt (m)	بسكويت
chocolade (de)	ʃukulāta (f)	شكولاتة
chocolade- (abn)	biʃʃukulāta	بالشكولاتة
snoepje (het)	bumbūn (m)	بونبون
cakeje (het)	kaʻk (m)	كعك
taart (bijv. verjaardags~)	tūrta (f)	تورتة
pastei (de)	faṭīra (f)	فطيرة
vulling (de)	ḥaʃwa (f)	حشوة
confituur (de)	murabba (m)	مربَى
marmelade (de)	marmalād (f)	مرملاد
wafel (de)	wāfil (f)	وافل
ijsje (het)	muθallaʒāt (pl)	مثلّجات
pudding (de)	būding (m)	بودنج

40. Bereide gerechten

gerecht (het)	waʒba (f)	وجبة
keuken (bijv. Franse ~)	maṭbaχ (m)	مطبخ
recept (het)	waṣfa (f)	وصفة
portie (de)	waʒba (f)	وجبة
salade (de)	sulṭa (f)	سلطة
soep (de)	ʃūrba (f)	شوربة
bouillon (de)	maraq (m)	مرق
boterham (de)	sandawitʃ (m)	ساندويتش
spiegelei (het)	bayḍ maqliy (m)	بيض مقليّ
hamburger (de)	hamburger (m)	هامبورجر

biefstuk (de)	biftīk (m)	بفتيك
garnering (de)	ṭabaq ʒānibiy (m)	طبق جانبيّ
spaghetti (de)	spaɣitti (m)	سباغيتي
aardappelpuree (de)	harīs baṭāṭis (m)	هريس بطاطس
pizza (de)	bītza (f)	بيتزا
pap (de)	ʿaṣīda (f)	عصيدة
omelet (de)	bayḍ maxfūq (m)	بيض مخفوق
gekookt (in water)	maslūq	مسلوق
gerookt (bn)	mudaxxin	مدخّن
gebakken (bn)	maqliy	مقليّ
gedroogd (bn)	muʒaffaf	مجفّف
diepvries (bn)	muʒammad	مجمّد
gemarineerd (bn)	muxallil	مخلّل
zoet (bn)	musakkar	مسكّر
gezouten (bn)	māliḥ	مالح
koud (bn)	bārid	بارد
heet (bn)	sāxin	ساخن
bitter (bn)	murr	مرّ
lekker (bn)	laðīð	لذيذ
koken (in kokend water)	ṭabax	طبخ
bereiden (avondmaaltijd ~)	ḥaḍḍar	حضّر
bakken (ww)	qala	قلي
opwarmen (ww)	saxxan	سخّن
zouten (ww)	mallaḥ	ملّح
peperen (ww)	falfal	فلفل
raspen (ww)	baʃar	بشر
schil (de)	qiʃra (f)	قشرة
schillen (ww)	qaʃʃar	قشّر

41. Kruiden

zout (het)	milḥ (m)	ملح
gezouten (bn)	māliḥ	مالح
zouten (ww)	mallaḥ	ملّح
zwarte peper (de)	filfil aswad (m)	فلفل أسود
rode peper (de)	filfil aḥmar (m)	فلفل أحمر
mosterd (de)	ṣalṣat al xardal (f)	صلصة الخردل
mierikswortel (de)	fiʒl ḥārr (m)	فجل حارّ
condiment (het)	tābil (m)	تابل
specerij, kruiderij (de)	bahār (m)	بهار
saus (de)	ṣalṣa (f)	صلصة
azijn (de)	xall (m)	خلّ
anijs (de)	yānsūn (m)	يانسون
basilicum (de)	rīḥān (m)	ريحان
kruidnagel (de)	qurumful (m)	قرنفل
gember (de)	zanʒabīl (m)	زنجبيل
koriander (de)	kuzbara (f)	كزبرة

kaneel (de/het)	qirfa (f)	قرفة
sesamzaad (het)	simsim (m)	سمسم
laurierblad (het)	awrāq al ɣār (pl)	أوراق الغار
paprika (de)	babrika (f)	بابريكا
komijn (de)	karāwiya (f)	كراوية
saffraan (de)	zaʿfarān (m)	زعفران

42. Maaltijden

eten (het)	akl (m)	أكل
eten (ww)	akal	أكل
ontbijt (het)	futūr (m)	فطور
ontbijten (ww)	aftar	أفطر
lunch (de)	ɣadāʾ (m)	غداء
lunchen (ww)	taɣadda	تغدّى
avondeten (het)	ʿaʃāʾ (m)	عشاء
souperen (ww)	taʿaʃʃa	تعشّى
eetlust (de)	ʃahiyya (f)	شهيّة
Eet smakelijk!	hanīʾan marīʾan!	هنيئًا مريئًا!
openen (een fles ~)	fataḥ	فتح
morsen (koffie, enz.)	dalaq	دلق
zijn gemorst	indalaq	إندلق
koken (water kookt bij 100°C)	ɣala	غلى
koken (Hoe om water te ~)	ɣala	غلى
gekookt (~ water)	maɣliy	مغليّ
afkoelen (koeler maken)	barrad	برّد
afkoelen (koeler worden)	tabarrad	تبرّد
smaak (de)	taʿm (m)	طعم
nasmaak (de)	al maðāq al ʿāliq fil fam (m)	المذاق العالق فى الفم
volgen een dieet	faqad al wazn	فقد الوزن
dieet (het)	ḥimya ɣaðāʾiyya (f)	حمية غذائية
vitamine (de)	vitamīn (m)	فيتامين
calorie (de)	suʿra ḥarāriyya (f)	سعرة حرارية
vegetariër (de)	nabātiy (m)	نباتيّ
vegetarisch (bn)	nabātiy	نباتيّ
vetten (mv.)	duhūn (pl)	دهون
eiwitten (mv.)	brutināt (pl)	بروتينات
koolhydraten (mv.)	naʃawiyyāt (pl)	نشويّات
snede (de)	ʃarīḥa (f)	شريحة
stuk (bijv. een ~ taart)	qitʿa (f)	قطعة
kruimel (de)	futāta (f)	فتاتة

43. Tafelschikking

lepel (de)	milʿaqa (f)	ملعقة
mes (het)	sikkīn (m)	سكّين

vork (de)	ʃawka (f)	شوكة
kopje (het)	finʒān (m)	فنجان
bord (het)	ṭabaq (m)	طبق
schoteltje (het)	ṭabaq finʒān (m)	طبق فنجان
servet (het)	mandīl (m)	منديل
tandenstoker (de)	χallat asnān (f)	خلّة أسنان

44. Restaurant

restaurant (het)	maṭʿam (m)	مطعم
koffiehuis (het)	kafé (m), maqha (m)	كافيه, مقهى
bar (de)	bār (m)	بار
tearoom (de)	ṣālun ʃāy (m)	صالون شاي
kelner, ober (de)	nādil (m)	نادل
serveerster (de)	nādila (f)	نادلة
barman (de)	bārman (m)	بارمان
menu (het)	qāʾimat aṭ ṭaʿām (f)	قائمة طعام
wijnkaart (de)	qāʾimat al χumūr (f)	قائمة خمور
een tafel reserveren	ḥaʒaz māʾida	حجز مائدة
gerecht (het)	waʒba (f)	وجبة
bestellen (eten ~)	ṭalab	طلب
een bestelling maken	ṭalab	طلب
aperitief (de/het)	ʃarāb (m)	شراب
voorgerecht (het)	muqabbilāt (pl)	مقبّلات
dessert (het)	ḥalawiyyāt (pl)	حلويّات
rekening (de)	ḥisāb (m)	حساب
de rekening betalen	dafaʿ al ḥisāb	دفع الحساب
wisselgeld teruggeven	aʿṭa al bāqi	أعطى الباقي
fooi (de)	baqʃīʃ (m)	بقشيش

Familie, verwanten en vrienden

45. Persoonlijke informatie. Formulieren

naam (de)	ism (m)	إسم
achternaam (de)	ism al 'ā'ila (m)	إسم العائلة
geboortedatum (de)	tarīx al mīlād (m)	تاريخ الميلاد
geboorteplaats (de)	makān al mīlād (m)	مكان الميلاد
nationaliteit (de)	ʒinsiyya (f)	جنسية
woonplaats (de)	maqarr al iqāma (m)	مقر الإقامة
land (het)	balad (m)	بلد
beroep (het)	mihna (f)	مهنة
geslacht (ov. het vrouwelijk ~)	ʒins (m)	جنس
lengte (de)	ṭūl (m)	طول
gewicht (het)	wazn (m)	وزن

46. Familieleden. Verwanten

moeder (de)	umm (f)	أُم
vader (de)	ab (m)	أب
zoon (de)	ibn (m)	إبن
dochter (de)	ibna (f)	إبنة
jongste dochter (de)	al ibna aṣ ṣaɣīra (f)	الإبنة الصغيرة
jongste zoon (de)	al ibn aṣ ṣaɣīr (m)	الابن الصغير
oudste dochter (de)	al ibna al kabīra (f)	الإبنة الكبيرة
oudste zoon (de)	al ibn al kabīr (m)	الإبن الكبير
broer (de)	ax (m)	أخ
oudere broer (de)	al ax al kabīr (m)	الأخ الكبير
jongere broer (de)	al ax aṣ ṣaɣīr (m)	الأخ الصغير
zuster (de)	uxt (f)	أخت
oudere zuster (de)	al uxt al kabīra (f)	الأخت الكبيرة
jongere zuster (de)	al uxt aṣ ṣaɣīra (f)	الأخت الصغيرة
neef (zoon van oom, tante)	ibn 'amm (m), ibn xāl (m)	إبن عمّ، إبن خال
nicht (dochter van oom, tante)	ibnat 'amm (f), ibnat xāl (f)	إبنة عمّ، إبنة خال
mama (de)	mama (f)	ماما
papa (de)	baba (m)	بابا
ouders (mv.)	wālidān (du)	والدان
kind (het)	ṭifl (m)	طفل
kinderen (mv.)	atfāl (pl)	أطفال
oma (de)	ʒidda (f)	جدّة
opa (de)	ʒadd (m)	جدّ

kleinzoon (de)	ḥafīd (m)	حفيد
kleindochter (de)	ḥafīda (f)	حفيدة
kleinkinderen (mv.)	aḥfād (pl)	أحفاد
oom (de)	ʻamm (m), χāl (m)	عمّ, خال
tante (de)	ʻamma (f), χāla (f)	عمّة, خالة
neef (zoon van broer, zus)	ibn al aχ (m), ibn al uχt (m)	إبن الأخ, إبن الأخت
nicht (dochter van broer, zus)	ibnat al aχ (f), ibnat al uχt (f)	إبنة الأخ, إبنة الأخت
schoonmoeder (de)	ḥamātt (f)	حماة
schoonvader (de)	ḥamm (m)	حم
schoonzoon (de)	zawʒ al ibna (m)	زوج الأبنة
stiefmoeder (de)	zawʒat al ab (f)	زوجة الأب
stiefvader (de)	zawʒ al umm (m)	زوج الأمّ
zuigeling (de)	ṭifl raḍīʻ (m)	طفل رضيع
wiegenkind (het)	mawlūd (m)	مولود
kleuter (de)	walad ṣaɣīr (m)	ولد صغير
vrouw (de)	zawʒa (f)	زوجة
man (de)	zawʒ (m)	زوج
echtgenoot (de)	zawʒ (m)	زوج
echtgenote (de)	zawʒa (f)	زوجة
gehuwd (mann.)	mutazawwiʒ	متزوّج
gehuwd (vrouw.)	mutazawwiʒa	متزوّجة
ongehuwd (mann.)	aʻzab	أعزب
vrijgezel (de)	aʻzab (m)	أعزب
gescheiden (bn)	muṭallaq (m)	مطلّق
weduwe (de)	armala (f)	أرملة
weduwnaar (de)	armal (m)	أرمل
familielid (het)	qarīb (m)	قريب
dichte familielid (het)	nasīb qarīb (m)	نسيب قريب
verre familielid (het)	nasīb baʻīd (m)	نسيب بعيد
familieleden (mv.)	aqārib (pl)	أقارب
wees (de), weeskind (het)	yatīm (m)	يتيم
voogd (de)	waliyy amr (m)	وليّ أمر
adopteren (een jongen te ~)	tabanna	تبنّى
adopteren (een meisje te ~)	tabanna	تبنّى

Geneeskunde

47. Ziekten

Nederlands	Transliteratie	العربية
ziekte (de)	maraḍ (m)	مرض
ziek zijn (ww)	maraḍ	مرض
gezondheid (de)	ṣiḥḥa (f)	صحّة
snotneus (de)	zukām (m)	زكام
angina (de)	iltihāb al lawzatayn (m)	التهاب اللوزتين
verkoudheid (de)	bard (m)	برد
verkouden raken (ww)	aṣābahu al bard	أصابه البرد
bronchitis (de)	iltihāb al qaṣabāt (m)	إلتهاب القصبات
longontsteking (de)	iltihāb ar ri'atayn (m)	إلتهاب الرئتين
griep (de)	inflūnza (f)	إنفلونزا
bijziend (bn)	qaṣīr an naẓar	قصير النظر
verziend (bn)	ba'īd an naẓar	بعيد النظر
scheelheid (de)	ḥawal (m)	حول
scheel (bn)	aḥwal	أحول
grauwe staar (de)	katarakt (f)	كاتاراكت
glaucoom (het)	glawkūma (f)	جلوكوما
beroerte (de)	sakta (f)	سكتة
hartinfarct (het)	iḥtifā' (m)	إحتشاء
myocardiaal infarct (het)	nawba qalbiya (f)	نوبة قلبية
verlamming (de)	ʃalal (m)	شلل
verlammen (ww)	ʃall	شلّ
allergie (de)	ḥassāsiyya (f)	حسّاسيّة
astma (de/het)	rabw (m)	ربو
diabetes (de)	ad dā' as sukkariy (m)	الداء السكّريّ
tandpijn (de)	alam al asnān (m)	ألم الأسنان
tandbederf (het)	naxar al asnān (m)	نخر الأسنان
diarree (de)	ishāl (m)	إسهال
constipatie (de)	imsāk (m)	إمساك
maagstoornis (de)	'usr al haḍm (m)	عسر الهضم
voedselvergiftiging (de)	tasammum (m)	تسمّم
voedselvergiftiging oplopen	tasammam	تسمّم
artritis (de)	iltihāb al mafāṣil (m)	إلتهاب المفاصل
rachitis (de)	kusāḥ al aṭfāl (m)	كساح الأطفال
reuma (het)	riumatizm (m)	روماتزم
arteriosclerose (de)	taṣṣallub aʃʃarayīn (m)	تصلّب الشرايين
gastritis (de)	iltihāb al ma'ida (m)	إلتهاب المعدة
blindedarmontsteking (de)	iltihāb az zā'ida ad dūdiyya (m)	إلتهاب الزائدة الدوديّة

galblaasontsteking (de)	iltihāb al marāra (m)	إلتهاب المرارة
zweer (de)	qurḥa (f)	قرحة
mazelen (mv.)	maraḍ al ḥaṣba (m)	مرض الحصبة
rodehond (de)	ḥaṣba almāniyya (f)	حصبة ألمانية
geelzucht (de)	yaraqān (m)	يرقان
leverontsteking (de)	iltihāb al kabd al vayrūsiy (m)	إلتهاب الكبد الفيروسيّ
schizofrenie (de)	ʃizufrīniya (f)	شيزوفرينيا
dolheid (de)	dāʼ al kalb (m)	داء الكلب
neurose (de)	ʻiṣāb (m)	عصاب
hersenschudding (de)	irtiʒāʒ al muχχ (m)	إرتجاج المخ
kanker (de)	saraṭān (m)	سرطان
sclerose (de)	taṣṣallub (m)	تصلّب
multiple sclerose (de)	taṣṣallub mutaʻaddid (m)	تصلّب متعدد
alcoholisme (het)	idmān al χamr (m)	إدمان الخمر
alcoholicus (de)	mudmin al χamr (m)	مدمن الخمر
syfilis (de)	sifilis az zuhariy (m)	سفلس الزهري
AIDS (de)	al aydz (m)	الايدز
tumor (de)	waram (m)	ورم
kwaadaardig (bn)	χabīθ	خبيث
goedaardig (bn)	ḥamīd (m)	حميد
koorts (de)	ḥumma (f)	حمّى
malaria (de)	malāriya (f)	ملاريا
gangreen (het)	ɣanɣrīna (f)	غنغرينا
zeeziekte (de)	duwār al baḥr (m)	دوار البحر
epilepsie (de)	maraḍ aṣ ṣarʻ (m)	مرض الصرع
epidemie (de)	wabāʼ (m)	وباء
tyfus (de)	tīfus (m)	تيفوس
tuberculose (de)	maraḍ as sull (m)	مرض السلّ
cholera (de)	kulīra (f)	كوليرا
pest (de)	ṭāʻūn (m)	طاعون

48. Symptomen. Behandelingen. Deel 1

symptoom (het)	ʻaraḍ (m)	عرض
temperatuur (de)	ḥarāra (f)	حرارة
verhoogde temperatuur (de)	ḥumma (f)	حمّى
polsslag (de)	nabḍ (m)	نبض
duizeling (de)	dawχa (f)	دوخة
heet (erg warm)	ḥārr	حارّ
koude rillingen (mv.)	nafaḍān (m)	نفضان
bleek (bn)	aṣfar	أصفر
hoest (de)	suʻāl (m)	سعال
hoesten (ww)	saʻal	سعل
niezen (ww)	ʻaṭas	عطس
flauwte (de)	iɣmāʼ (m)	إغماء

flauwvallen (ww)	ɣumiya ʿalayh	غمي عليه
blauwe plek (de)	kadma (f)	كدمة
buil (de)	tawarrum (m)	تورّم
zich stoten (ww)	iṣtadam	إصطدم
kneuzing (de)	raḍḍ (m)	رضّ
kneuzen (gekneusd zijn)	taraḍḍaḍ	ترضّض
hinken (ww)	ʿaraʒ	عرج
verstuiking (de)	ẋalʿ (m)	خلع
verstuiken (enkel, enz.)	ẋalaʿ	خلع
breuk (de)	kasr (m)	كسر
een breuk oplopen	inkasar	إنكسر
snijwond (de)	ʒurḥ (m)	جرح
zich snijden (ww)	ʒaraḥ nafsah	جرح نفسه
bloeding (de)	nazf (m)	نزف
brandwond (de)	ḥarq (m)	حرق
zich branden (ww)	taʃayyat	تشيّط
prikken (ww)	waẋaz	وخز
zich prikken (ww)	waẋaz nafsah	وخز نفسه
blesseren (ww)	aṣāb	أصاب
blessure (letsel)	iṣāba (f)	إصابة
wond (de)	ʒurḥ (m)	جرح
trauma (het)	ṣadma (f)	صدمة
IJlen (ww)	haða	هذى
stotteren (ww)	talaʿsam	تلعثم
zonnesteek (de)	ḍarbat ʃams (f)	ضربة شمس

49. Symptomen. Behandelingen. Deel 2

pijn (de)	alam (m)	ألم
splinter (de)	ʃaẓiyya (f)	شظيّة
zweet (het)	ʿirq (m)	عرق
zweten (ww)	ʿariq	عرق
braking (de)	taqayyuʿ (m)	تقيّؤ
stuiptrekkingen (mv.)	taʃannuʒāt (pl)	تشنّجات
zwanger (bn)	ḥāmil	حامل
geboren worden (ww)	wulid	وُلد
geboorte (de)	wilāda (f)	ولادة
baren (ww)	walad	ولد
abortus (de)	iʒhāḍ (m)	إجهاض
ademhaling (de)	tanaffus (m)	تنفّس
inademing (de)	istinʃāq (m)	إستنشاق
uitademing (de)	zafīr (m)	زفير
uitademen (ww)	zafar	زفر
inademen (ww)	istanʃaq	إستنشق
invalide (de)	muʿāq (m)	معاق
gehandicapte (de)	muqʿad (m)	مقعد

drugsverslaafde (de)	mudmin muxaddirāt (m)	مدمن مخدّرات
doof (bn)	aṭraʃ	أطرش
stom (bn)	axras	أخرس
doofstom (bn)	aṭraʃ axras	أطرش أخرس
krankzinnig (bn)	maʒnūn (m)	مجنون
krankzinnige (man)	maʒnūn (m)	مجنون
krankzinnige (vrouw)	maʒnūna (f)	مجنونة
krankzinnig worden	ʒunn	جنّ
gen (het)	ʒīn (m)	جين
immuniteit (de)	manāʿa (f)	مناعة
erfelijk (bn)	wirāθiy	وراثيّ
aangeboren (bn)	xilqiy munð al wilāda	خلقيّ منذ الولادة
virus (het)	virūs (m)	فيروس
microbe (de)	mikrūb (m)	ميكروب
bacterie (de)	ʒurθūma (f)	جرثومة
infectie (de)	ʿadwa (f)	عدوى

50. Symptomen. Behandelingen. Deel 3

ziekenhuis (het)	mustaʃfa (m)	مستشفى
patiënt (de)	marīḍ (m)	مريض
diagnose (de)	taʃxīṣ (m)	تشخيص
genezing (de)	ʿilāʒ (m)	علاج
medische behandeling (de)	ʿilāʒ (m)	علاج
onder behandeling zijn	taʿālaʒ	تعالج
behandelen (ww)	ʿālaʒ	عالج
zorgen (zieken ~)	marraḍ	مرّض
ziekenzorg (de)	ʿināya (f)	عناية
operatie (de)	ʿamaliyya ʒaraḥiyya (f)	عمليّة جرحيّة
verbinden (een arm ~)	ḍammad	ضمّد
verband (het)	taḍmīd (m)	تضميد
vaccin (het)	talqīḥ (m)	تلقيح
inenten (vaccineren)	laqqaḥ	لقّح
injectie (de)	ḥuqna (f)	حقنة
een injectie geven	ḥaqan ibra	حقن إبرة
aanval (de)	nawba (f)	نوبة
amputatie (de)	batr (m)	بتر
amputeren (ww)	batar	بتر
coma (het)	ɣaybūba (f)	غيبوبة
in coma liggen	kān fi ḥālat ɣaybūba	كان في حالة غيبوبة
intensieve zorg, ICU (de)	al ʿināya al murakkaza (f)	العناية المركّزة
zich herstellen (ww)	ʃufiy	شفي
toestand (de)	ḥāla (f)	حالة
bewustzijn (het)	waʿy (m)	وعي
geheugen (het)	ðākira (f)	ذاكرة
trekken (een kies ~)	xalaʿ	خلع

vulling (de)	ḥaʃw (m)	حشو
vullen (ww)	ḥaʃa	حشا
hypnose (de)	at tanwīm al maɣnaṭīsiy (m)	التنويم المغناطيسيّ
hypnotiseren (ww)	nawwam	نوّم

51. Artsen

dokter, arts (de)	ṭabīb (m)	طبيب
ziekenzuster (de)	mumarriḍa (f)	ممرّضة
lijfarts (de)	duktūr ʃaxṣiy (m)	دكتور شخصيّ
tandarts (de)	ṭabīb al asnān (m)	طبيب الأسنان
oogarts (de)	ṭabīb al ʿuyūn (m)	طبيب العيون
therapeut (de)	ṭabīb bāṭiniy (m)	طبيب باطنيّ
chirurg (de)	ʒarrāḥ (m)	جرّاح
psychiater (de)	ṭabīb nafsiy (m)	طبيب نفسيّ
pediater (de)	ṭabīb al aṭfāl (m)	طبيب الأطفال
psycholoog (de)	sikulūʒiy (m)	سيكولوجيّ
gynaecoloog (de)	ṭabīb an nisāʾ (m)	طبيب النساء
cardioloog (de)	ṭabīb al qalb (m)	طبيب القلب

52. Geneeskunde. Medicijnen. Accessoires

geneesmiddel (het)	dawāʾ (m)	دواء
middel (het)	ʿilāʒ (m)	علاج
voorschrijven (ww)	waṣaf	وصف
recept (het)	waṣfa (f)	وصفة
tablet (de/het)	qurṣ (m)	قرص
zalf (de)	marham (m)	مرهم
ampul (de)	ambūla (f)	أمبولة
drank (de)	dawāʾ ʃarāb (m)	دواء شراب
siroop (de)	ʃarāb (m)	شراب
pil (de)	ḥabba (f)	حبّة
poeder (de/het)	ðarūr (m)	ذرور
verband (het)	ḍammāda (f)	ضمادة
watten (mv.)	quṭn (m)	قطن
jodium (het)	yūd (m)	يود
pleister (de)	blāstir (m)	بلاستر
pipet (de)	māṣṣat al bastara (f)	ماصّة البسترة
thermometer (de)	tirmūmitr (m)	ترمومتر
spuit (de)	miḥqana (f)	محقنة
rolstoel (de)	kursiy mutaḥarrik (m)	كرسيّ متحرّك
krukken (mv.)	ʿukkāzān (du)	عكّازان
pijnstiller (de)	musakkin (m)	مسكّن
laxeermiddel (het)	mulayyin (m)	ملّين

spiritus (de)	iθanūl (m)	إيثانول
medicinale kruiden (mv.)	aʻʃāb ṭibbiyya (pl)	أعشاب طبية
kruiden- (abn)	ʻuʃbiy	عشبيّ

HET MENSELIJKE LEEFGEBIED

Stad

53. Stad. Het leven in de stad

Nederlands	Transliteratie	Arabisch
stad (de)	madīna (f)	مدينة
hoofdstad (de)	ʽāṣima (f)	عاصمة
dorp (het)	qarya (f)	قرية
plattegrond (de)	xarīṭat al madīna (f)	خريطة المدينة
centrum (ov. een stad)	markaz al madīna (m)	مركز المدينة
voorstad (de)	ḍāḥiya (f)	ضاحية
voorstads- (abn)	aḍ ḍawāḥi	الضواحي
randgemeente (de)	aṭrāf al madīna (pl)	أطراف المدينة
omgeving (de)	ḍawāḥi al madīna (pl)	ضواحي المدينة
blok (huizenblok)	ḥayy (m)	حي
woonwijk (de)	ḥayy sakaniy (m)	حي سكني
verkeer (het)	ḥarakat al murūr (f)	حركة المرور
verkeerslicht (het)	iʃārāt al murūr (pl)	إشارات المرور
openbaar vervoer (het)	wasā'il an naql (pl)	وسائل النقل
kruispunt (het)	taqāṭuʽ (m)	تقاطع
zebrapad (oversteekplaats)	maʽbar al muʃāt (m)	معبر المشاة
onderdoorgang (de)	nafaq muʃāt (m)	نفق مشاة
oversteken (de straat ~)	ʽabar	عبر
voetganger (de)	māʃi (m)	ماش
trottoir (het)	raṣīf (m)	رصيف
brug (de)	ʒisr (m)	جسر
dijk (de)	kurnīʃ (m)	كورنيش
fontein (de)	nāfūra (f)	نافورة
allee (de)	mamʃa (m)	ممشى
park (het)	ḥadīqa (f)	حديقة
boulevard (de)	bulvār (m)	بولفار
plein (het)	maydān (m)	ميدان
laan (de)	ʃāriʽ (m)	شارع
straat (de)	ʃāriʽ (m)	شارع
zijstraat (de)	zuqāq (m)	زقاق
doodlopende straat (de)	ṭarīq masdūd (m)	طريق مسدود
huis (het)	bayt (m)	بيت
gebouw (het)	mabna (m)	مبنى
wolkenkrabber (de)	nāṭiḥat saḥāb (f)	ناطحة سحاب
gevel (de)	wāʒiha (f)	واجهة
dak (het)	saqf (m)	سقف

venster (het)	ʃubbāk (m)	شبّاك
boog (de)	qaws (m)	قوس
pilaar (de)	ʻamūd (m)	عمود
hoek (ov. een gebouw)	zāwiya (f)	زاوية
vitrine (de)	vatrīna (f)	فترينة
gevelreclame (de)	lāfita (f)	لافتة
affiche (de/het)	mulṣaq (m)	ملصق
reclameposter (de)	mulṣaq iʻlāniy (m)	ملصق إعلاني
aanplakbord (het)	lawḥat iʻlānāt (f)	لوحة إعلانات
vuilnis (de/het)	zubāla (f)	زبالة
vuilnisbak (de)	ṣundūq zubāla (m)	صندوق زبالة
afval weggooien (ww)	rama zubāla	رمى زبالة
stortplaats (de)	mazbala (f)	مزبلة
telefooncel (de)	kuʃk tilifūn (m)	كشك تليفون
straatlicht (het)	ʻamūd al miṣbāḥ (m)	عمود المصباح
bank (de)	dikka (f), kursiy (m)	دكّة, كرسي
politieagent (de)	ʃurṭiy (m)	شرطيّ
politie (de)	ʃurṭa (f)	شرطة
zwerver (de)	ʃaḥḥāð (m)	شحّاذ
dakloze (de)	mutaʃarrid (m)	متشرّد

54. Stedelijke instellingen

winkel (de)	maḥall (m)	محلّ
apotheek (de)	ṣaydaliyya (f)	صيدليّة
optiek (de)	al adawāt al baṣariyya (pl)	الأدوات البصريّة
winkelcentrum (het)	markaz tiʒāriy (m)	مركز تجاريّ
supermarkt (de)	subirmarkit (m)	سوبرماركت
bakkerij (de)	maxbaz (m)	مخبز
bakker (de)	xabbāz (m)	خبّاز
banketbakkerij (de)	dukkān ḥalawāniy (m)	دكّان حلواني
kruidenier (de)	baqqāla (f)	بقالة
slagerij (de)	malḥama (f)	ملحمة
groentewinkel (de)	dukkān xuḍār (m)	دكّان خضار
markt (de)	sūq (f)	سوق
koffiehuis (het)	kafé (m), maqha (m)	كافيه, مقهى
restaurant (het)	maṭʻam (m)	مطعم
bar (de)	ḥāna (f)	حانة
pizzeria (de)	maṭʻam pizza	مطعم بيتزا
kapperssalon (de/het)	ṣālūn ḥilāqa (m)	صالون حلاقة
postkantoor (het)	maktab al barīd (m)	مكتب البريد
stomerij (de)	tanẓīf ʒāff (m)	تنظيف جافّ
fotostudio (de)	istūdiyu taṣwīr (m)	إستوديو تصوير
schoenwinkel (de)	maḥall aḥðiya (m)	محلّ أحذية
boekhandel (de)	maḥall kutub (m)	محلّ كتب

Nederlands	Transliteratie	Arabisch
sportwinkel (de)	maḥall riyāḍiy (m)	محلّ رياضيّ
kledingreparatie (de)	maḥall xiyāṭat malābis (m)	محلّ خياطة ملابس
kledingverhuur (de)	maḥall taʾʒīr malābis rasmiyya (m)	محلّ تأجير ملابس رسمية
videotheek (de)	maḥal taʾʒīr vidiyu (m)	محلّ تأجير فيديو
circus (de/het)	sirk (m)	سيرك
dierentuin (de)	ḥadīqat al ḥayawān (f)	حديقة حيوان
bioscoop (de)	sinima (f)	سينما
museum (het)	matḥaf (m)	متحف
bibliotheek (de)	maktaba (f)	مكتبة
theater (het)	masraḥ (m)	مسرح
opera (de)	ubra (f)	أوبرا
nachtclub (de)	malha layliy (m)	ملهى ليليّ
casino (het)	kazinu (m)	كازينو
moskee (de)	masʒid (m)	مسجد
synagoge (de)	kanīs maʿbad yahūdiy (m)	كنيس معبد يهوديّ
kathedraal (de)	katidrāʾiyya (f)	كاتدرائيّة
tempel (de)	maʿbad (m)	معبد
kerk (de)	kanīsa (f)	كنيسة
instituut (het)	kulliyya (f)	كلّيّة
universiteit (de)	ʒāmiʿa (f)	جامعة
school (de)	madrasa (f)	مدرسة
gemeentehuis (het)	muqāṭaʿa (f)	مقاطعة
stadhuis (het)	baladiyya (f)	بلديّة
hotel (het)	funduq (m)	فندق
bank (de)	bank (m)	بنك
ambassade (de)	safāra (f)	سفارة
reisbureau (het)	ʃarikat siyāḥa (f)	شركة سياحة
informatieloket (het)	maktab al istiʿlāmāt (m)	مكتب الإستعلامات
wisselkantoor (het)	ṣarrāfa (f)	صرّافة
metro (de)	mitru (m)	مترو
ziekenhuis (het)	mustaʃfa (m)	مستشفى
benzinestation (het)	maḥaṭṭat banzīn (f)	محطّة بنزين
parking (de)	mawqif as sayyārāt (m)	موقف السيّارات

55. Borden

Nederlands	Transliteratie	Arabisch
gevelreclame (de)	lāfita (f)	لافتة
opschrift (het)	bayān (m)	بيان
poster (de)	mulṣaq iʿlāniy (m)	ملصق إعلانيّ
wegwijzer (de)	ʿalāmat ittiʒāh (f)	علامة إتّجاه
pijl (de)	ʿalāmat iʃāra (f)	علامة إشارة
waarschuwing (verwittiging)	taḥðīr (m)	تحذير
waarschuwingsbord (het)	lāfitat taḥðīr (f)	لافتة تحذير
waarschuwen (ww)	ḥaððar	حذّر

vrije dag (de)	yawm 'uṭla (m)	يوم عطلة
dienstregeling (de)	ʒadwal (m)	جدول
openingsuren (mv.)	awqāt al 'amal (pl)	أوقات العمل
WELKOM!	ahlan wa sahlan!	أهلًا وسهلًا
INGANG	duχūl	دخول
UITGANG	χurūʒ	خروج
DUWEN	idfaʿ	إدفع
TREKKEN	isḥab	إسحب
OPEN	maftūḥ	مفتوح
GESLOTEN	muɣlaq	مغلق
DAMES	lis sayyidāt	للسيدات
HEREN	lir riʒāl	للرجال
KORTING	χaṣm	خصم
UITVERKOOP	taχfīḍāt	تخفيضات
NIEUW!	ʒadīd!	جديد!
GRATIS	maʒʒānan	مجّانًا
PAS OP!	intibāh!	إنتباه!
VOLGEBOEKT	kull al amākin mahʒūza	كل الأماكن محجوزة
GERESERVEERD	mahʒūz	محجوز
ADMINISTRATIE	idāra	إدارة
ALLEEN VOOR PERSONEEL	lil 'āmilīn faqaṭ	للعاملين فقط
GEVAARLIJKE HOND	iḥðar wuʒūd al kalb	إحذر وجود الكلب
VERBODEN TE ROKEN!	mamnūʿ at tadχīn	ممنوع التدخين
NIET AANRAKEN!	'adam al lams	عدم اللمس
GEVAARLIJK	χaṭīr	خطير
GEVAAR	χaṭar	خطر
HOOGSPANNING	tayyār 'āli	تيّار عالي
VERBODEN TE ZWEMMEN	as sibāḥa mamnūʿa	السباحة ممنوعة
BUITEN GEBRUIK	muʿaṭṭal	معطّل
ONTVLAMBAAR	sarīʿ al iʃtiʿāl	سريع الإشتعال
VERBODEN	mamnūʿ	ممنوع
DOORGANG VERBODEN	mamnūʿ al murūr	ممنوع المرور
OPGELET PAS GEVERFD	iḥðar ṭilā' ɣayr ʒāff	إحذر طلاء غير جاف

56. Stedelijk vervoer

bus, autobus (de)	bāṣ (m)	باص
tram (de)	trām (m)	ترام
trolleybus (de)	truli bāṣ (m)	ترولي باص
route (de)	χaṭṭ (m)	خطّ
nummer (busnummer, enz.)	raqm (m)	رقم
rijden met ...	rakib ...	ركب...
stappen (in de bus ~)	rakib	ركب

afstappen (ww)	nazil min	نزل من
halte (de)	mawqif (m)	موقف
volgende halte (de)	al maḥaṭṭa al qādima (f)	المحطّة القادمة
eindpunt (het)	āxir maḥaṭṭa (f)	آخر محطّة
dienstregeling (de)	ʒadwal (m)	جدول
wachten (ww)	intaẓar	إنتظر
kaartje (het)	taðkira (f)	تذكرة
reiskosten (de)	uʒra (f)	أجرة
kassier (de)	ṣarrāf (m)	صرّاف
kaartcontrole (de)	taftīʃ taðkira (m)	تفتيش تذكرة
controleur (de)	mufattiʃ taðākir (m)	مفتّش تذاكر
te laat zijn (ww)	ta'axxar	تأخّر
missen (de bus ~)	ta'axxar	تأخّر
zich haasten (ww)	ista'ʒal	إستعجل
taxi (de)	taksi (m)	تاكسي
taxichauffeur (de)	sā'iq taksi (m)	سائق تاكسي
met de taxi (bw)	bit taksi	بالتاكسي
taxistandplaats (de)	mawqif taksi (m)	موقف تاكسي
een taxi bestellen	kallam tāksi	كلّم تاكسي
een taxi nemen	axað taksi	أخذ تاكسي
verkeer (het)	ḥarakat al murūr (f)	حركة المرور
file (de)	zaḥmat al murūr (f)	زحمة المرور
spitsuur (het)	sā'at að ðurwa (f)	ساعة الذروة
parkeren (on.ww.)	awqaf	أوقف
parkeren (ov.ww.)	awqaf	أوقف
parking (de)	mawqif as sayyārāt (m)	موقف السيّارات
metro (de)	mitru (m)	مترو
halte (bijv. kleine treinhalte)	maḥaṭṭa (f)	محطّة
de metro nemen	rakib al mitru	ركب المترو
trein (de)	qiṭār (m)	قطار
station (treinstation)	maḥaṭṭat qiṭār (f)	محطّة قطار

57. Bezienswaardigheden

monument (het)	timθāl (m)	تمثال
vesting (de)	qalʻa (f), ḥiṣn (m)	قلعة, حصن
paleis (het)	qaṣr (m)	قصر
kasteel (het)	qalʻa (f)	قلعة
toren (de)	burʒ (m)	برج
mausoleum (het)	ḍarīḥ (m)	ضريح
architectuur (de)	handasa mi'māriyya (f)	هندسة معماريّة
middeleeuws (bn)	min al qurūn al wusṭa	من القرون الوسطى
oud (bn)	qadīm	قديم
nationaal (bn)	waṭaniy	وطنيّ
bekend (bn)	maʃhūr	مشهور
toerist (de)	sā'iḥ (m)	سائح
gids (de)	murʃid (m)	مرشد

rondleiding (de)	ʒawla (f)	جولة
tonen (ww)	'araḍ	عرض
vertellen (ww)	ḥaddaθ	حدث
vinden (ww)	waʒad	وجد
verdwalen (de weg kwijt zijn)	ḍā'	ضاع
plattegrond (~ van de metro)	xarīṭa (f)	خريطة
plattegrond (~ van de stad)	xarīṭa (f)	خريطة
souvenir (het)	tiðkār (m)	تذكار
souvenirwinkel (de)	maḥall hadāya (m)	محلّ هدايا
foto's maken	ṣawwar	صوّر
zich laten fotograferen	taṣawwar	تصوّر

58. Winkelen

kopen (ww)	iʃtara	إشترى
aankoop (de)	ʃay' (m)	شيء
winkelen (ww)	iʃtara	إشترى
winkelen (het)	ʃubinɣ (m)	شوبينغ
open zijn (ov. een winkel, enz.)	maftūḥ	مفتوح
gesloten zijn (ww)	muɣlaq	مغلق
schoeisel (het)	aḥðiya (pl)	أحذية
kleren (mv.)	malābis (pl)	ملابس
cosmetica (mv.)	mawādd at taʒmīl (pl)	موادّ التجميل
voedingswaren (mv.)	ma'kūlāt (pl)	مأكولات
geschenk (het)	hadiyya (f)	هديّة
verkoper (de)	bā'i' (m)	بائع
verkoopster (de)	bā'i'a (f)	بائعة
kassa (de)	ṣundū' ad daf' (m)	صندوق الدفع
spiegel (de)	mir'āt (f)	مرآة
toonbank (de)	minḍada (f)	منضدة
paskamer (de)	ɣurfat al qiyās (f)	غرفة القياس
aanpassen (ww)	ʒarrab	جرّب
passen (ov. kleren)	nāsab	ناسب
bevallen (prettig vinden)	a'ʒab	أعجب
prijs (de)	si'r (m)	سعر
prijskaartje (het)	tikit as si'r (m)	تيكت السعر
kosten (ww)	kallaf	كلّف
Hoeveel?	bikam?	بكم؟
korting (de)	xaṣm (m)	خصم
niet duur (bn)	ɣayr ɣāli	غير غال
goedkoop (bn)	raxīṣ	رخيص
duur (bn)	ɣāli	غال
Dat is duur.	haða ɣāli	هذا غال
verhuur (de)	isti'ʒār (m)	إستئجار

huren (smoking, enz.)	ista'ʒar	إستأجر
krediet (het)	i'timān (m)	إئتمان
op krediet (bw)	bid dayn	بالدين

59. Geld

geld (het)	nuqūd (pl)	نقود
ruil (de)	tahwīl 'umla (m)	تحويل عملة
koers (de)	si'r aṣ ṣarf (m)	سعر الصرف
geldautomaat (de)	ṣarrāf 'āliy (m)	صرّاف آليّ
muntstuk (de)	qiṭ'a naqdiyya (f)	قطعة نقدية

| dollar (de) | dulār (m) | دولار |
| euro (de) | yuru (m) | يورو |

lire (de)	lira iṭāliyya (f)	ليرة إيطالية
Duitse mark (de)	mark almāniy (m)	مارك ألماني
frank (de)	frank (m)	فرنك
pond sterling (het)	ʒunayh istirlīniy (m)	جنيه استرليني
yen (de)	yīn (m)	ين

schuld (geldbedrag)	dayn (m)	دين
schuldenaar (de)	mudīn (m)	مدين
uitlenen (ww)	sallaf	سلّف
lenen (geld ~)	istalaf	إستلف

bank (de)	bank (m)	بنك
bankrekening (de)	ḥisāb (m)	حساب
storten (ww)	awda'	أودع
op rekening storten	awda' fil ḥisāb	أودع في الحساب
opnemen (ww)	saḥab min al ḥisāb	سحب من الحساب

kredietkaart (de)	biṭāqat i'timān (f)	بطاقة إئتمان
baar geld (het)	nuqūd (pl)	نقود
cheque (de)	ʃīk (m)	شيك
een cheque uitschrijven	katab ʃīk	كتب شيكًا
chequeboekje (het)	daftar ʃīkāt (m)	دفتر شيكات

portefeuille (de)	maḥfaẓat ʒīb (f)	محفظة جيب
geldbeugel (de)	maḥfaẓat fakka (f)	محفظة فكّة
safe (de)	xizāna (f)	خزانة

erfgenaam (de)	wāris (m)	وارث
erfenis (de)	wirāθa (f)	وراثة
fortuin (het)	θarwa (f)	ثروة

huur (de)	īʒār (m)	إيجار
huurprijs (de)	uʒrat as sakan (f)	أجرة السكن
huren (huis, kamer)	ista'ʒar	إستأجر

prijs (de)	si'r (m)	سعر
kostprijs (de)	θaman (m)	ثمن
som (de)	mablaɣ (m)	مبلغ
uitgeven (geld besteden)	ṣaraf	صرف

kosten (mv.)	maṣārīf (pl)	مصاريف
bezuinigen (ww)	waffar	وفّر
zuinig (bn)	muwaffir	موفّر
betalen (ww)	dafaʿ	دفع
betaling (de)	dafʿ (m)	دفع
wisselgeld (het)	al bāqi (m)	الباقي
belasting (de)	ḍarība (f)	ضريبة
boete (de)	ɣarāma (f)	غرامة
beboeten (bekeuren)	faraḍ ɣarāma	فرض غرامة

60. Post. Postkantoor

postkantoor (het)	maktab al barīd (m)	مكتب البريد
post (de)	al barīd (m)	البريد
postbode (de)	sāʿi al barīd (m)	ساعي البريد
openingsuren (mv.)	awqāt al ʿamal (pl)	أوقات العمل
brief (de)	risāla (f)	رسالة
aangetekende brief (de)	risāla musaǧǧala (f)	رسالة مسجّلة
briefkaart (de)	biṭāqa barīdiyya (f)	بطاقة بريديّة
telegram (het)	barqiyya (f)	برقيّة
postpakket (het)	ṭard (m)	طرد
overschrijving (de)	ḥawāla māliyya (f)	حوالة ماليّة
ontvangen (ww)	istalam	إستلم
sturen (zenden)	arsal	أرسل
verzending (de)	irsāl (m)	إرسال
adres (het)	ʿunwān (m)	عنوان
postcode (de)	raqm al barīd (m)	رقم البريد
verzender (de)	mursil (m)	مرسل
ontvanger (de)	mursal ilayh (m)	مرسل إليه
naam (de)	ism (m)	إسم
achternaam (de)	ism al ʿāʾila (m)	إسم العائلة
tarief (het)	taʿrīfa (f)	تعريفة
standaard (bn)	ʿādiy	عاديّ
zuinig (bn)	muwaffir	موفّر
gewicht (het)	wazn (m)	وزن
afwegen (op de weegschaal)	wazan	وزن
envelop (de)	ẓarf (m)	ظرف
postzegel (de)	ṭābiʿ (m)	طابع
een postzegel plakken op	alṣaq ṭābiʿ	ألصق طابعا

Woning. Huis. Thuis

61. Huis. Elektriciteit

elektriciteit (de)	kahrabā' (m)	كهرباء
lamp (de)	lamba (f)	لمبة
schakelaar (de)	miftāḥ (m)	مفتاح
zekering (de)	fāṣima (f)	فاصمة
draad (de)	silk (m)	سلك
bedrading (de)	aslāk (pl)	أسلاك
elektriciteitsmeter (de)	'addād (m)	عدّاد
gegevens (mv.)	qirā'a (f)	قراءة

62. Villa. Herenhuis

landhuisje (het)	bayt rīfiy (m)	بيت ريفيّ
villa (de)	villa (f)	فيلا
vleugel (de)	ʒanāḥ (m)	جناح
tuin (de)	ḥadīqa (f)	حديقة
park (het)	ḥadīqa (f)	حديقة
oranjerie (de)	dafī'a (f)	دفيئة
onderhouden (tuin, enz.)	ihtamm	إهتمّ
zwembad (het)	masbaḥ (m)	مسبح
gym (het)	qāʻat at tamrīnāt (f)	قاعة التمرينات
tennisveld (het)	malʻab tinis (m)	ملعب تنس
bioscoopkamer (de)	sinima manziliyya (f)	سينما منزليّة
garage (de)	qaraʒ (m)	جراج
privé-eigendom (het)	milkiyya xāṣṣa (f)	ملكيّة خاصّة
eigen terrein (het)	arḍ xāṣṣa (m)	أرض خاصّة
waarschuwing (de)	taḥðīr (m)	تحذير
waarschuwingsbord (het)	lāfitat taḥðīr (f)	لافتة تحذير
bewaking (de)	ḥirāsa (f)	حراسة
bewaker (de)	ḥāris amn (m)	حارس أمن
inbraakalarm (het)	ʒihāð inðār (m)	جهاز انذار

63. Appartement

appartement (het)	ʃaqqa (f)	شقّة
kamer (de)	ɣurfa (f)	غرفة
slaapkamer (de)	ɣurfat an nawm (f)	غرفة النوم

eetkamer (de)	ɣurfat il akl (f)	غرفة الأكل
salon (de)	ṣālat al istiqbāl (f)	صالة الإستقبال
studeerkamer (de)	maktab (m)	مكتب
gang (de)	madχal (m)	مدخل
badkamer (de)	ḥammām (m)	حمّام
toilet (het)	ḥammām (m)	حمّام
plafond (het)	saqf (m)	سقف
vloer (de)	arḍ (f)	أرض
hoek (de)	zāwiya (f)	زاوية

64. Meubels. Interieur

meubels (mv.)	aθāθ (m)	أثاث
tafel (de)	maktab (m)	مكتب
stoel (de)	kursiy (m)	كرسيّ
bed (het)	sarīr (m)	سرير
bankstel (het)	kanaba (f)	كنبة
fauteuil (de)	kursiy (m)	كرسيّ
boekenkast (de)	χizānat kutub (f)	خزانة كتب
boekenrek (het)	raff (m)	رفّ
kledingkast (de)	dūlāb (m)	دولاب
kapstok (de)	ʃammāʻa (f)	شمّاعة
staande kapstok (de)	ʃammāʻa (f)	شمّاعة
commode (de)	dulāb adrāʒ (m)	دولاب أدراج
salontafeltje (het)	ṭāwilat al qahwa (f)	طاولة القهوة
spiegel (de)	mirʼāt (f)	مرآة
tapijt (het)	siʒāda (f)	سجادة
tapijtje (het)	siʒāda (f)	سجادة
haard (de)	midfaʻa ḥāʼiṭiyya (f)	مدفأة حائطيّة
kaars (de)	ʃamʻa (f)	شمعة
kandelaar (de)	ʃamʻadān (m)	شمعدان
gordijnen (mv.)	satāʼir (pl)	ستائر
behang (het)	waraq ḥīṭān (m)	ورق حيطان
jaloezie (de)	haṣīrat ʃubbāk (f)	حصيرة شبّاك
bureaulamp (de)	miṣbāḥ aṭ ṭāwila (m)	مصباح الطاولة
wandlamp (de)	miṣbāḥ al ḥāʼiṭ (f)	مصباح الحائط
staande lamp (de)	miṣbāḥ arḍiy (m)	مصباح أرضيّ
luchter (de)	naʒafa (f)	نجفة
poot (ov. een tafel, enz.)	riʒl (f)	رجل
armleuning (de)	masnad (m)	مسند
rugleuning (de)	masnad (m)	مسند
la (de)	durʒ (m)	درج

65. Beddengoed

beddengoed (het)	bayāḍāt as sarīr (pl)	بياضات السرير
kussen (het)	wisāda (f)	وسادة
kussenovertrek (de)	kīs al wisāda (m)	كيس الوسادة
deken (de)	baṭṭāniyya (f)	بطّانية
laken (het)	milāya (f)	ملاية
sprei (de)	ɣiṭā' as sarīr (m)	غطاء السرير

66. Keuken

keuken (de)	maṭbax (m)	مطبخ
gas (het)	ɣāz (m)	غاز
gasfornuis (het)	butuɣāz (m)	بوتوغاز
elektrisch fornuis (het)	furn kaharabā'iy (m)	فرن كهربائي
oven (de)	furn (m)	فرن
magnetronoven (de)	furn al mikruwayv (m)	فرن الميكروويف
koelkast (de)	θallāʒa (f)	ثلاجة
diepvriezer (de)	frīzir (m)	فريزر
vaatwasmachine (de)	ɣassāla (f)	غسّالة
vleesmolen (de)	farrāmat laḥm (f)	فرّامة لحم
vruchtenpers (de)	'aṣṣāra (f)	عصّارة
toaster (de)	maḥmaṣat xubz (f)	محمصة خبز
mixer (de)	xallāṭ (m)	خلاط
koffiemachine (de)	mākinat ṣan' al qahwa (f)	ماكينة صنع القهوة
koffiepot (de)	kanaka (f)	كنكة
koffiemolen (de)	maṭhanat qahwa (f)	مطحنة قهوة
fluitketel (de)	barrād (m)	برّاد
theepot (de)	barrād aʃ ʃāy (m)	برّاد الشاي
deksel (de/het)	ɣiṭā' (m)	غطاء
theezeefje (het)	miṣfāt (f)	مصفاة
lepel (de)	mil'aqa (f)	ملعقة
theelepeltje (het)	mil'aqat ʃāy (f)	ملعقة شاي
eetlepel (de)	mil'aqa kabīra (f)	ملعقة كبيرة
vork (de)	ʃawka (f)	شوكة
mes (het)	sikkīn (m)	سكّين
vaatwerk (het)	ṣuḥūn (pl)	صحون
bord (het)	ṭabaq (m)	طبق
schoteltje (het)	ṭabaq finʒān (m)	طبق فنجان
likeurglas (het)	ka's (f)	كأس
glas (het)	kubbāya (f)	كبّاية
kopje (het)	finʒān (m)	فنجان
suikerpot (de)	sukkariyya (f)	سكّرية
zoutvat (het)	mamlaḥa (f)	مملحة
pepervat (het)	mabhara (f)	مبهرة

boterschaaltje (het)	ṣuḥn zubda (m)	صحن زبدة
pan (de)	kassirūlla (f)	كاسرولة
bakpan (de)	ṭāsa (f)	طاسة
pollepel (de)	miɣrafa (f)	مغرفة
vergiet (de/het)	miṣfāt (f)	مصفاة
dienblad (het)	ṣīniyya (f)	صينيّة
fles (de)	zuʒāʒa (f)	زجاجة
glazen pot (de)	barṭamān (m)	برطمان
blik (conserven~)	tanaka (f)	تنكة
flesopener (de)	fattāḥa (f)	فتّاحة
blikopener (de)	fattāḥa (f)	فتّاحة
kurkentrekker (de)	barrīma (f)	بريمة
filter (de/het)	filtir (m)	فلتر
filteren (ww)	ṣaffa	صفّى
huisvuil (het)	zubāla (f)	زبالة
vuilnisemmer (de)	ṣundūq az zubāla (m)	صندوق الزبالة

67. Badkamer

badkamer (de)	ḥammām (m)	حمّام
water (het)	māʾ (m)	ماء
kraan (de)	ḥanafiyya (f)	حنفيّة
warm water (het)	māʾ sāxin (m)	ماء ساخن
koud water (het)	māʾ bārid (m)	ماء بارد
tandpasta (de)	maʿʒūn asnān (m)	معجون أسنان
tanden poetsen (ww)	naẓẓaf al asnān	نظّف الأسنان
tandenborstel (de)	furʃat asnān (f)	فرشة أسنان
zich scheren (ww)	ḥalaq	حلق
scheercrème (de)	raɣwa lil ḥilāqa (f)	رغوة للحلاقة
scheermes (het)	mūs ḥilāqa (m)	موس حلاقة
wassen (ww)	ɣasal	غسل
een bad nemen	istaḥamm	إستحمّ
douche (de)	dūʃ (m)	دوش
een douche nemen	axað ad duʃ	أخذ الدش
bad (het)	ḥawḍ istiḥmām (m)	حوض استحمام
toiletpot (de)	mirḥāḍ (m)	مرحاض
wastafel (de)	ḥawḍ (m)	حوض
zeep (de)	ṣābūn (m)	صابون
zeepbakje (het)	ṣabbāna (f)	صبّانة
spons (de)	līfa (f)	ليفة
shampoo (de)	ʃāmbū (m)	شامبو
handdoek (de)	fūṭa (f)	فوطة
badjas (de)	θawb ḥammām (m)	ثوب حمّام
was (bijv. handwas)	ɣasīl (m)	غسيل
wasmachine (de)	ɣassāla (f)	غسّالة

| de was doen | ɣasal al malābis | غسل الملابس |
| waspoeder (de) | mashūq ɣasīl (m) | مسحوق غسيل |

68. Huishoudelijke apparaten

televisie (de)	tilivizyūn (m)	تليفزيون
cassettespeler (de)	ʒihāz tasʒīl (m)	جهاز تسجيل
videorecorder (de)	ʒihāz tasʒīl vidiyu (m)	جهاز تسجيل فيديو
radio (de)	ʒihāz radiyu (m)	جهاز راديو
speler (de)	blayir (m)	بلبير
videoprojector (de)	'āriḍ vidiyu (m)	عارض فيديو
home theater systeem (het)	sinima manziliyya (f)	سينما منزليّة
DVD-speler (de)	di vi di (m)	دي في دي
versterker (de)	mukabbir aṣ ṣawt (m)	مكبِّر الصوت
spelconsole (de)	'atāri (m)	أتاري
videocamera (de)	kamira vidiyu (f)	كاميرا فيديو
fotocamera (de)	kamira (f)	كاميرا
digitale camera (de)	kamira diʒital (f)	كاميرا ديجيتال
stofzuiger (de)	miknasa kahrabā'iyya (f)	مكنسة كهربائيّة
strijkijzer (het)	makwāt (f)	مكواة
strijkplank (de)	lawḥat kayy (f)	لوحة كيّ
telefoon (de)	hātif (m)	هاتف
mobieltje (het)	hātif maḥmūl (m)	هاتف محمول
schrijfmachine (de)	'āla katiba (f)	آلة كاتبة
naaimachine (de)	'ālat al xiyāṭa (f)	آلة الخياطة
microfoon (de)	mikrufūn (m)	ميكروفون
koptelefoon (de)	sammā'āt ra'siya (pl)	سمّاعات رأسيّة
afstandsbediening (de)	rimuwt kuntrūl (m)	ريموت كنترول
CD (de)	si di (m)	سي دي
cassette (de)	ʃarīṭ (m)	شريط
vinylplaat (de)	usṭuwāna (f)	أسطوانة

MENSELIJKE ACTIVITEITEN

Baan. Business. Deel 1

69. Kantoor. Op kantoor werken

Nederlands	Transliteratie	Arabisch
kantoor (het)	maktab (m)	مكتب
kamer (de)	maktab (m)	مكتب
receptie (de)	istiqbāl (m)	إستقبال
secretaris (de)	sikirtīr (m)	سكرتير
directeur (de)	mudīr (m)	مدير
manager (de)	mudīr (m)	مدير
boekhouder (de)	muḥāsib (m)	محاسب
werknemer (de)	muwaẓẓaf (m)	موظف
meubilair (het)	aθāθ (m)	أثاث
tafel (de)	maktab (m)	مكتب
bureaustoel (de)	kursiy (m)	كرسي
ladeblok (het)	waḥdat adrāʒ (f)	وحدة أدراج
kapstok (de)	ʃammāʿa (f)	شمّاعة
computer (de)	kumbyūtir (m)	كمبيوتر
printer (de)	ṭābiʿa (f)	طابعة
fax (de)	faks (m)	فاكس
kopieerapparaat (het)	ʾālat nasχ (f)	آلة نسخ
papier (het)	waraq (m)	ورق
kantoorartikelen (mv.)	adawāt al kitāba (pl)	أدوات الكتابة
muismat (de)	wisādat faʾra (f)	وسادة فأرة
blad (het)	waraqa (f)	ورقة
ordner (de)	malaff (m)	ملف
catalogus (de)	fihris (m)	فهرس
telefoongids (de)	dalīl at tilifūn (m)	دليل التليفون
documentatie (de)	waθāʾiq (pl)	وثائق
brochure (de)	naʃra (f)	نشرة
flyer (de)	manʃūr (m)	منشور
monster (het), staal (de)	namūðaʒ (m)	نموذج
training (de)	iʒtimāʿ tadrīb (m)	إجتماع تدريب
vergadering (de)	iʒtimāʿ (m)	إجتماع
lunchpauze (de)	fatrat al ɣadāʾ (f)	فترة الغذاء
een kopie maken	ṣawwar	صوّر
de kopieën maken	ṣawwar	صوّر
een fax ontvangen	istalam faks	إستلم فاكس
een fax versturen	arsal faks	أرسل فاكس
opbellen (ww)	ittaṣal	إتصل

antwoorden (ww)	radd	ردّ
doorverbinden (ww)	waṣṣal	وصّل
afspreken (ww)	ḥaddad	حدّد
demonstreren (ww)	'araḍ	عرض
absent zijn (ww)	ɣāb	غاب
afwezigheid (de)	ɣiyāb (m)	غياب

70. Bedrijfsprocessen. Deel 1

zaak (de), beroep (het)	ʃuɣl (m)	شغل
firma (de)	ʃarika (f)	شركة
bedrijf (maatschap)	ʃarika (f)	شركة
corporatie (de)	mu'assasa tiʒāriyya (f)	مؤسسة تجارية
onderneming (de)	ʃarika (f)	شركة
agentschap (het)	wikāla (f)	وكالة
overeenkomst (de)	ittifāqiyya (f)	إتفاقيّة
contract (het)	'aqd (m)	عقد
transactie (de)	ṣafqa (f)	صفقة
bestelling (de)	ṭalab (m)	طلب
voorwaarde (de)	ʃarṭ (m)	شرط
in het groot (bw)	bil ʒumla	بالجملة
groothandels- (abn)	al ʒumla	الجملة
groothandel (de)	bay' bil ʒumla (m)	بيع بالجملة
kleinhandels- (abn)	at taʒzi'a	التجزئة
kleinhandel (de)	bay' bit taʒzi'a (m)	بيع بالتجزئة
concurrent (de)	munāfis (m)	منافس
concurrentie (de)	munāfasa (f)	منافسة
concurreren (ww)	nāfas	نافس
partner (de)	ʃarīk (m)	شريك
partnerschap (het)	ʃirāka (f)	شراكة
crisis (de)	azma (f)	أزمة
bankroet (het)	iflās (m)	إفلاس
bankroet gaan (ww)	aflas	أفلس
moeilijkheid (de)	ṣu'ūba (f)	صعوبة
probleem (het)	muʃkila (f)	مشكلة
catastrofe (de)	kāriθa (f)	كارثة
economie (de)	iqtiṣād (m)	إقتصاد
economisch (bn)	iqtiṣādiy	إقتصاديّ
economische recessie (de)	rukūd iqtiṣādiy (m)	ركود إقتصاديّ
doel (het)	hadaf (m)	هدف
taak (de)	muhimma (f)	مهمّة
handelen (handel drijven)	tāʒir	تاجر
netwerk (het)	ʃabaka (f)	شبكة
voorraad (de)	al maxzūn (m)	المخزون
assortiment (het)	taʃkīla (f)	تشكيلة

leider (de)	qā'id (m)	قائد
groot (bn)	kabīr	كبير
monopolie (het)	iḥtikār (m)	إحتكار
theorie (de)	naẓariyya (f)	نظريّة
praktijk (de)	mumārasa (f)	ممارسة
ervaring (de)	xibra (f)	خبرة
tendentie (de)	ittiʒāh (m)	إتّجاه
ontwikkeling (de)	tanmiya (f)	تنمية

71. Bedrijfsprocessen. Deel 2

voordeel (het)	ribḥ (m)	ربح
voordelig (bn)	murbiḥ	مربح
delegatie (de)	wafd (m)	وفد
salaris (het)	murattab (m)	مرتّب
corrigeren (fouten ~)	ṣaḥḥaḥ	صحّح
zakenreis (de)	riḥlat 'amal (f)	رحلة عمل
commissie (de)	laʒna (f)	لجنة
controleren (ww)	taḥakkam	تحكّم
conferentie (de)	mu'tamar (m)	مؤتمر
licentie (de)	ruxṣa (f)	رخصة
betrouwbaar (partner, enz.)	mawθūq	موثوق
aanzet (de)	mubādara (f)	مبادرة
norm (bijv. ~ stellen)	mi'yār (m)	معيار
omstandigheid (de)	ẓarf (m)	ظرف
taak, plicht (de)	wāʒib (m)	واجب
organisatie (bedrijf, zaak)	munaẓẓama (f)	منظّمة
organisatie (proces)	tanẓīm (m)	تنظيم
georganiseerd (bn)	munaẓẓam	منظّم
afzegging (de)	ilɣā' (m)	إلغاء
afzeggen (ww)	alɣa	ألغى
verslag (het)	taqrīr (m)	تقرير
patent (het)	bara'at al ixtirā' (f)	براءة الإختراع
patenteren (ww)	saʒʒal barā'at al ixtirā'	سجّل براءة الإختراع
plannen (ww)	xaṭṭaṭ	خطّط
premie (de)	'ilāwa (f)	علاوة
professioneel (bn)	mihaniy	مهنيّ
procedure (de)	iʒrā' (m)	إجراء
onderzoeken (contract, enz.)	baḥaθ	بحث
berekening (de)	ḥisāb (m)	حساب
reputatie (de)	sum'a (f)	سمعة
risico (het)	muxāṭara (f)	مخاطرة
beheren (managen)	adār	أدار
informatie (de)	ma'lūmāt (pl)	معلومات
eigendom (bezit)	milkiyya (f)	ملكيّة

unie (de)	ittihād (m)	إتّحاد
levensverzekering (de)	ta'mīn 'alal hayāt (m)	تأمين على الحياة
verzekeren (ww)	amman	أمَن
verzekering (de)	ta'mīn (m)	تأمين
veiling (de)	mazād (m)	مزاد
verwittigen (ww)	ablaɣ	أبلغ
beheer (het)	idāra (f)	إدارة
dienst (de)	xidma (f)	خدمة
forum (het)	nadwa (f)	ندوة
functioneren (ww)	adda waẓīfa	أدّى وظيفته
stap, etappe (de)	marhala (f)	مرحلة
juridisch (bn)	qānūniy	قانونيّ
jurist (de)	muhāmi (m)	محامٍ

72. Productie. Werken

industriële installatie (fabriek)	masna' (m)	مصنع
fabriek (de)	masna' (m)	مصنع
werkplaatsruimte (de)	warʃa (f)	ورشة
productielocatie (de)	masna' (m)	مصنع
industrie (de)	sinā'a (f)	صناعة
industrieel (bn)	sinā'iy	صناعيّ
zware industrie (de)	sinā'a θaqīla (f)	صناعة ثقيلة
lichte industrie (de)	sinā'a xafīfa (f)	صناعة خفيفة
productie (de)	muntaʒāt (pl)	منتجات
produceren (ww)	antaʒ	أنتج
grondstof (de)	mawādd xām (pl)	موادّ خام
voorman, ploegbaas (de)	ra'īs al 'ummāl (m)	رئيس العمّال
ploeg (de)	farīq al 'ummāl (m)	فريق العمّال
arbeider (de)	'āmil (m)	عامل
werkdag (de)	yawm 'amal (m)	يوم عمل
pauze (de)	rāha (f)	راحة
samenkomst (de)	iʒtimā' (m)	إجتماع
bespreken (spreken over)	nāqaʃ	ناقش
plan (het)	xitta (f)	خطّة
het plan uitvoeren	naffað al xutta	نفّذ الخطّة
productienorm (de)	mu'addal al intāʒ (m)	معدّل الإنتاج
kwaliteit (de)	ʒawda (f)	جودة
controle (de)	taftīʃ (m)	تفتيش
kwaliteitscontrole (de)	dabt al ʒawda (m)	ضبط الجودة
arbeidsveiligheid (de)	salāmat makān al 'amal (f)	سلامة مكان العمل
discipline (de)	indibāt (m)	إنضباط
overtreding (de)	muxālafa (f)	مخالفة
overtreden (ww)	xālaf	خالف
staking (de)	idrāb (m)	إضراب
staker (de)	mudrib (m)	مضرب

staken (ww)	aḍrab	أضرب
vakbond (de)	ittiḥād al 'ummāl (m)	إتحاد العمّال
uitvinden (machine, enz.)	ixtara'	إخترع
uitvinding (de)	ixtirā' (m)	إختراع
onderzoek (het)	baḥθ (m)	بحث
verbeteren (beter maken)	ḥassan	حسّن
technologie (de)	tiknulūʒiya (f)	تكنولوجيا
technische tekening (de)	rasm taqniy (m)	رسم تقني
vracht (de)	ʃaḥn (m)	شحن
lader (de)	ḥammāl (m)	حمّال
laden (vrachtwagen)	ʃaḥan	شحن
laden (het)	taḥmīl (m)	تحميل
lossen (ww)	afraɣ	أفرغ
lossen (het)	ifrāɣ (m)	إفراغ
transport (het)	wasā'il an naql (pl)	وسائل النقل
transportbedrijf (de)	ʃarikat naql (f)	شركة نقل
transporteren (ww)	naqal	نقل
goederenwagon (de)	'arabat ʃaḥn (f)	عربة شحن
tank (bijv. ketelwagen)	xazzān (m)	خزّان
vrachtwagen (de)	ʃāḥina (f)	شاحنة
machine (de)	mākina (f)	ماكنة
mechanisme (het)	'āliyya (f)	آليّة
industrieel afval (het)	muxallafāt ṣinā'iyya (pl)	مخلفات صناعية
verpakking (de)	ta'bi'a (f)	تعبئة
verpakken (ww)	'abba'	عبّأ

73. Contract. Overeenstemming

contract (het)	'aqd (m)	عقد
overeenkomst (de)	ittifāq (m)	إتفاق
bijlage (de)	mulḥaq (m)	ملحق
een contract sluiten	waqqa' 'ala 'aqd	وقّع على عقد
handtekening (de)	tawqī' (m)	توقيع
ondertekenen (ww)	waqqa'	وقّع
stempel (de)	xatm (m)	ختم
voorwerp (het) van de overeenkomst	mawḍū' al 'aqd (m)	موضوع العقد
clausule (de)	band (m)	بند
partijen (mv.)	aṭrāf (pl)	أطراف
vestigingsadres (het)	'unwān qānūniy (m)	عنوان قانوني
het contract verbreken (overtreden)	xālaf al 'aqd	خالف العقد
verplichting (de)	iltizām (m)	إلتزام
verantwoordelijkheid (de)	mas'ūliyya (f)	مسؤوليّة
overmacht (de)	quwwa qāhira (m)	قوّة قاهرة

geschil (het)	xilāf (m)	خلاف
sancties (mv.)	ʻuqūbāt (pl)	عقوبات

74. Import & Export

import (de)	istīrād (m)	إستيراد
importeur (de)	mustawrid (m)	مستورد
importeren (ww)	istawrad	إستورد
import- (abn)	wārid	وارد
uitvoer (export)	taṣdīr (m)	تصدير
exporteur (de)	muṣaddir (m)	مصدّر
exporteren (ww)	ṣaddar	صدّر
uitvoer- (bijv., ~goederen)	ṣādir	صادر
goederen (mv.)	badāʼiʻ (pl)	بضائع
partij (de)	ʃaḥna (f)	شحنة
gewicht (het)	wazn (m)	وزن
volume (het)	ḥaʒm (m)	حجم
kubieke meter (de)	mitr mukaʻʻab (m)	متر مكعّب
producent (de)	aʃʃarika al muṣniʻa (f)	الشركة المصنعة
transportbedrijf (de)	ʃarikat naql (f)	شركة نقل
container (de)	ḥāwiya (f)	حاوية
grens (de)	ḥadd (m)	حدّ
douane (de)	ʒamārik (pl)	جمارك
douanerecht (het)	rasm ʒumrukiy (m)	رسم جمركيّ
douanier (de)	muwaẓẓaf al ʒamārik (m)	موظّف الجمارك
smokkelen (het)	tahrīb (m)	تهريب
smokkelwaar (de)	biḍāʻa muharraba (pl)	بضاعة مهرّبة

75. Financiën

aandeel (het)	sahm (m)	سهم
obligatie (de)	sanad (m)	سند
wissel (de)	kimbyāla (f)	كمبيالة
beurs (de)	būrṣa (f)	بورصة
aandelenkoers (de)	siʻr as sahm (m)	سعر السهم
dalen (ww)	raxuṣ	رخص
stijgen (ww)	ɣala	غلا
deel (het)	naṣīb (m)	نصيب
meerderheidsbelang (het)	al maʒmūʻa al musayṭara (f)	المجموعة المسيطرة
investeringen (mv.)	istiθmār (pl)	إستثمار
investeren (ww)	istaθmar	إستثمر
procent (het)	bil miʼa (m)	بالمئة
rente (de)	faʼida (f)	فائدة
winst (de)	ribḥ (m)	ربح

winstgevend (bn)	murbiḥ	مربح
belasting (de)	ḍarība (f)	ضريبة
valuta (vreemde ~)	'umla (f)	عملة
nationaal (bn)	waṭaniy	وطنيّ
ruil (de)	taḥwīl (m)	تحويل
boekhouder (de)	muḥāsib (m)	محاسب
boekhouding (de)	maḥasaba (f)	محاسبة
bankroet (het)	iflās (m)	إفلاس
ondergang (de)	inhiyār (m)	إنهيار
faillissement (het)	iflās (m)	إفلاس
geruïneerd zijn (ww)	aflas	أفلس
inflatie (de)	tadaxxum māliy (m)	تضخّم ماليّ
devaluatie (de)	taxfīḍ qīmat 'umla (m)	تخفيض قيمة عملة
kapitaal (het)	ra's māl (m)	رأس مال
inkomen (het)	daxl (m)	دخل
omzet (de)	dawrat ra's al māl (f)	دورة رأس المال
middelen (mv.)	mawārid (pl)	موارد
financiële middelen (mv.)	al mawārid an naqdiyya (pl)	الموارد النقديّة
operationele kosten (mv.)	nafaqāt 'āmma (pl)	نفقات عامّة
reduceren (kosten ~)	xaffaḍ	خفّض

76. Marketing

marketing (de)	taswīq (m)	تسويق
markt (de)	sūq (f)	سوق
marktsegment (het)	qaṭā' as sūq (m)	قطاع السوق
product (het)	muntaʒ (m)	منتج
goederen (mv.)	baḍā'i' (pl)	بضائع
merk (het)	mārka (f)	ماركة
handelsmerk (het)	mārka tiʒāriyya (f)	ماركة تجاريّة
beeldmerk (het)	ʃi'ār (m)	شعار
logo (het)	ʃi'ār (m)	شعار
vraag (de)	ṭalab (m)	طلب
aanbod (het)	maxzūn (m)	مخزون
behoefte (de)	ḥāʒa (f)	حاجة
consument (de)	mustahlik (m)	مستهلك
analyse (de)	taḥlīl (m)	تحليل
analyseren (ww)	ḥallal	حلّل
positionering (de)	waḍ' (m)	وضع
positioneren (ww)	waḍa'	وضع
prijs (de)	si'r (m)	سعر
prijspolitiek (de)	siyāsat al as'ār (f)	سياسة الأسعار
prijsvorming (de)	taʃkīl al as'ār (m)	تشكيل الأسعار

77. Reclame

reclame (de)	i'lān (m)	إعلان
adverteren (ww)	a'lan	أعلن
budget (het)	mīzāniyya (f)	ميزانية
advertentie, reclame (de)	i'lān (m)	إعلان
TV-reclame (de)	i'lān fit tiliviziyūn (m)	إعلان في التليفزيون
radioreclame (de)	i'lān fir rādiyu (m)	إعلان في الراديو
buitenreclame (de)	i'lān ẓāhiriy (m)	إعلان ظاهري
massamedia (de)	wasā'il al i'lām (pl)	وسائل الإعلام
periodiek (de)	ṣaḥifa dawriyya (f)	صحيفة دورية
imago (het)	imiʒ (m)	إيميج
slagzin (de)	ʃi'ār (m)	شعار
motto (het)	ʃi'ār (m)	شعار
campagne (de)	ḥamla (f)	حملة
reclamecampagne (de)	ḥamla i'lāniyya (f)	حملة إعلانية
doelpubliek (het)	maʒmū'a mustahdafa (f)	مجموعة مستهدفة
visitekaartje (het)	biṭāqat al 'amal (f)	بطاقة العمل
flyer (de)	manʃūr (m)	منشور
brochure (de)	naʃra (f)	نشرة
folder (de)	kutayyib (m)	كتيّب
nieuwsbrief (de)	naʃra iχbāriyya (f)	نشرة إخبارية
gevelreclame (de)	lāfita (f)	لافتة
poster (de)	mulṣaq i'lāniy (m)	ملصق إعلاني
aanplakbord (het)	lawḥat i'lānāt (f)	لوحة إعلانات

78. Bankieren

bank (de)	bank (m)	بنك
bankfiliaal (het)	far' (m)	فرع
bankbediende (de)	muwaẓẓaf bank (m)	موظف بنك
manager (de)	mudīr (m)	مدير
bankrekening (de)	ḥisāb (m)	حساب
rekeningnummer (het)	raqm al ḥisāb (m)	رقم الحساب
lopende rekening (de)	ḥisāb ʒāri (m)	حساب جار
spaarrekening (de)	ḥisāb tawfīr (m)	حساب توفير
een rekening openen	fataḥ ḥisāb	فتح حسابا
de rekening sluiten	aγlaq ḥisāb	أغلق حسابا
op rekening storten	awda' fil ḥisāb	أودع في الحساب
opnemen (ww)	saḥab min al ḥisāb	سحب من الحساب
storting (de)	wadī'a (f)	وديعة
een storting maken	awda'	أودع
overschrijving (de)	ḥawāla (f)	حوالة

een overschrijving maken	ḥawwal	حوّل
som (de)	mablaɣ (m)	مبلغ
Hoeveel?	kam?	كم؟
handtekening (de)	tawqīʿ (m)	توقيع
ondertekenen (ww)	waqqaʿ	وقّع
kredietkaart (de)	biṭāqat iʾtimān (f)	بطاقة ائتمان
code (de)	kūd (m)	كود
kredietkaartnummer (het)	raqm biṭāqat iʾtimān (m)	رقم بطاقة إئتمان
geldautomaat (de)	ṣarrāf ʾāliy (m)	صرّاف آليّ
cheque (de)	ʃīk (m)	شيك
een cheque uitschrijven	katab ʃīk	كتب شيكًا
chequeboekje (het)	daftar ʃīkāt (m)	دفتر شيكات
lening, krediet (de)	qarḍ (m)	قرض
een lening aanvragen	qaddam ṭalab lil ḥuṣūl ʿala qarḍ	قدّم طلبا للحصول على قرض
een lening nemen	ḥaṣal ʿala qarḍ	حصل على قرض
een lening verlenen	qaddam qarḍ	قدمَ قرضا
garantie (de)	ḍamān (m)	ضمان

79. Telefoon. Telefoongesprek

telefoon (de)	hātif (m)	هاتف
mobieltje (het)	hātif maḥmūl (m)	هاتف محمول
antwoordapparaat (het)	muʒīb al hātif (m)	مجيب الهاتف
bellen (ww)	ittaṣal	إتّصل
belletje (telefoontje)	mukālama tilifuniyya (f)	مكالمة تليفونية
een nummer draaien	ittaṣal bi raqm	إتّصل برقم
Hallo!	alu!	ألو!
vragen (ww)	saʾal	سأل
antwoorden (ww)	radd	ردّ
horen (ww)	samiʿ	سمع
goed (bw)	ʒayyidan	جيّدًا
slecht (bw)	sayyiʾan	سيّئًا
storingen (mv.)	taʃwīʃ (m)	تشويش
hoorn (de)	sammāʿa (f)	سمّاعة
opnemen (ww)	rafaʿ as sammāʿa	رفع السمّاعة
ophangen (ww)	qafal as sammāʿa	قفل السمّاعة
bezet (bn)	maʃɣūl	مشغول
overgaan (ww)	rann	رنّ
telefoonboek (het)	dalīl at tilifūn (m)	دليل التليفون
lokaal (bn)	maḥalliyya	محلّية
lokaal gesprek (het)	mukālama hātifiyya maḥalliyya (f)	مكالمة هاتفيّة محلّية
interlokaal (bn)	baʿīd al mada	بعيد المدى

interlokaal gesprek (het)	mukālama ba'īdat al mada (f)	مكالمة بعيدة المدى
buitenlands (bn)	duwaliy	دولي
buitenlands gesprek (het)	mukālama duwaliyya (f)	مكالمة دولية

80. Mobiele telefoon

mobieltje (het)	hātif maḥmūl (m)	هاتف محمول
scherm (het)	ʒihāz ʻarḍ (m)	جهاز عرض
toets, knop (de)	zirr (m)	زر
simkaart (de)	sim kart (m)	سيم كارت
batterij (de)	baṭṭāriyya (f)	بطارية
leeg zijn (ww)	xalaṣat	خلصت
acculader (de)	ʃāḥin (m)	شاحن
menu (het)	qā'ima (f)	قائمة
instellingen (mv.)	awḍāʻ (pl)	أوضاع
melodie (beltoon)	naɣma (f)	نغمة
selecteren (ww)	ixtār	إختار
rekenmachine (de)	'āla ḥāsiba (f)	آلة حاسبة
voicemail (de)	barīd ṣawtiy (m)	بريد صوتي
wekker (de)	munabbih (m)	منبه
contacten (mv.)	ʒihāt al ittiṣāl (pl)	جهات الإتصال
SMS-bericht (het)	risāla qaṣīra εsεmεs (f)	sms رسالة قصيرة
abonnee (de)	muʃtarik (m)	مشترك

81. Schrijfbehoeften

balpen (de)	qalam ʒāf (m)	قلم جاف
vulpen (de)	qalam rīʃa (m)	قلم ريشة
potlood (het)	qalam ruṣāṣ (m)	قلم رصاص
marker (de)	markir (m)	ماركر
viltstift (de)	qalam xaṭṭāṭ (m)	قلم خطاط
notitieboekje (het)	muðakkira (f)	مذكرة
agenda (boekje)	ʒadwal al aʻmāl (m)	جدول الأعمال
liniaal (de/het)	masṭara (f)	مسطرة
rekenmachine (de)	'āla ḥāsiba (f)	آلة حاسبة
gom (de)	astīka (f)	استيكة
punaise (de)	dabbūs (m)	دبوس
paperclip (de)	dabbūs waraq (m)	دبوس ورق
lijm (de)	ṣamɣ (m)	صمغ
nietmachine (de)	dabbāsa (f)	دباسة
perforator (de)	xarrāma (m)	خرامة
potloodslijper (de)	mibrāt (f)	مبراة

82. Soorten bedrijven

boekhouddiensten (mv.)	χidamāt muḥasaba (pl)	خدمات محاسبة
reclame (de)	i'lān (m)	إعلان
reclamebureau (het)	wikālat i'lān (f)	وكالة إعلان
airconditioning (de)	takyīf (m)	تكييف
luchtvaartmaatschappij (de)	ʃarikat ṭayarān (f)	شركة طيران
alcoholische dranken (mv.)	maʃrūbāt kuḥūliyya (pl)	مشروبات كحولية
antiek (het)	tuḥaf (pl)	تحف
kunstgalerie (de)	ma'raḍ fanniy (m)	معرض فنّي
audit diensten (mv.)	tadqīq al ḥisābāt (pl)	تدقيق الحسابات
banken (mv.)	al qiṭā' al maṣrafiy (m)	القطاع المصرفي
bar (de)	bār (m)	بار
schoonheidssalon (de/het)	ṣālūn taʒmīl (m)	صالون تجميل
boekhandel (de)	maḥall kutub (m)	محلّ كتب
bierbrouwerij (de)	maṣna' bīra (m)	مصنع بيرة
zakencentrum (het)	markaz tiʒāriy (m)	مركز تجاريّ
business school (de)	kulliyyat idārat al a'māl (f)	كليّة إدارة الأعمال
casino (het)	kazinu (m)	كازينو
bouwbedrijven (mv.)	binā' (m)	بناء
adviesbureau (het)	istiʃāra (f)	إستشارة
tandheelkunde (de)	'iyādat asnān (f)	عيادة أسنان
design (het)	taṣmīm (m)	تصميم
apotheek (de)	ṣaydaliyya (f)	صيدليّة
stomerij (de)	tanẓīf ʒāff (m)	تنظيف جافّ
uitzendbureau (het)	wikālat tawẓīf (f)	وكالة توظيف
financiële diensten (mv.)	χidamāt māliyya (pl)	خدمات ماليّة
voedingswaren (mv.)	mawādd ɣiðā'iyya (pl)	موادّ غذائيّة
uitvaartcentrum (het)	bayt al ʒanāzāt (m)	بيت الجنازات
meubilair (het)	aθāθ (m)	أثاث
kleding (de)	malābis (pl)	ملابس
hotel (het)	funduq (m)	فندق
ijsje (het)	muθallaʒāt (pl)	مثلّجات
industrie (de)	ṣinā'a (f)	صناعة
verzekering (de)	ta'mīn (m)	تأمين
Internet (het)	intirnit (m)	إنترنت
investeringen (mv.)	istiθmārāt (pl)	إستثمارات
juwelier (de)	ṣā'iɣ (m)	صائغ
juwelen (mv.)	muʒawharāt (pl)	مجوهرات
wasserette (de)	maɣsala (f)	مغسلة
juridische diensten (mv.)	χidamāt qānūniyya (pl)	خدمات قانونيّة
lichte industrie (de)	ṣinā'a χafīfa (f)	صناعة خفيفة
tijdschrift (het)	maʒalla (f)	مجلّة
postorderbedrijven (mv.)	bay' bil barīd (m)	بيع بالبريد
medicijnen (mv.)	ṭibb (m)	طبّ
bioscoop (de)	sinima (f)	سينما
museum (het)	matḥaf (m)	متحف

persbureau (het)	wikālat anbā' (f)	وكالة أنباء
krant (de)	ʒarīda (f)	جريدة
nachtclub (de)	malha layliy (m)	ملهى ليليّ
olie (aardolie)	nafṭ (m)	نفط
koerierdienst (de)	xidamāt aʃ ʃaḥn (pl)	خدمات الشحن
farmacie (de)	ṣaydala (f)	صيدلة
drukkerij (de)	ṭibā'a (f)	طباعة
uitgeverij (de)	dār aṭ ṭibā'a wan naʃr (f)	دار الطباعة والنشر
radio (de)	iðā'a (f)	إذاعة
vastgoed (het)	'iqārāt (pl)	عقارات
restaurant (het)	maṭ'am (m)	مطعم
bewakingsfirma (de)	ʃarikat amn (f)	شركة أمن
sport (de)	riyāḍa (f)	رياضة
handelsbeurs (de)	būrṣa (f)	بورصة
winkel (de)	maḥall (m)	محلّ
supermarkt (de)	subirmarkit (m)	سوبرماركت
zwembad (het)	masbaḥ (m)	مسبح
naaiatelier (het)	ṣālūn (m)	صالون
televisie (de)	tilivizyūn (m)	تليفزيون
theater (het)	masraḥ (m)	مسرح
handel (de)	tiʒāra (f)	تجارة
transport (het)	wasā'il an naql (pl)	وسائل النقل
toerisme (het)	siyāḥa (f)	سياحة
dierenarts (de)	ṭabīb bayṭariy (m)	طبيب بيطريّ
magazijn (het)	mustawda' (m)	مستودع
afvalinzameling (de)	ʒam' an nufāyāt (m)	جمع النفايات

Baan. Business. Deel 2

83. Show. Tentoonstelling

Nederlands	Transliteratie	Arabisch
beurs (de)	ma'raḍ (m)	معرض
vakbeurs, handelsbeurs (de)	ma'raḍ tiӡāriy (m)	معرض تجاريّ
deelneming (de)	iʃtirāk (m)	إشتراك
deelnemen (ww)	iʃtarak	إشترك
deelnemer (de)	muʃtarik (m)	مشترك
directeur (de)	mudīr (m)	مدير
organisatiecomité (het)	maktab al munaẓẓimīn (m)	مكتب المنظّمين
organisator (de)	munaẓẓim (m)	منظّم
organiseren (ww)	naẓẓam	نظّم
deelnemingsaanvraag (de)	istimārat al iʃtirāk (f)	إستمارة الإشتراك
invullen (een formulier ~)	mala'	ملأ
details (mv.)	tafāṣīl (pl)	تفاصيل
informatie (de)	isti'lāmāt (pl)	إستعلامات
prijs (de)	si'r (m)	سعر
inclusief (bijv. ~ BTW)	bima fīh	بما فيه
inbegrepen (alles ~)	taḍamman	تضمّن
betalen (ww)	dafa'	دفع
registratietarief (het)	rusūm at tasӡīl (pl)	رسوم التسجيل
ingang (de)	madχal (m)	مدخل
paviljoen (het), hal (de)	ӡanāḥ (m)	جناح
registreren (ww)	saӡӡal	سجّل
badge, kaart (de)	ʃāra (f)	شارة
beursstand (de)	kuʃk (m)	كشك
reserveren (een stand ~)	ḥaӡaz	حجز
vitrine (de)	vatrīna (f)	فترينة
licht (het)	miṣbāḥ (m)	مصباح
design (het)	taṣmīm (m)	تصميم
plaatsen (ww)	waḍa'	وضع
distributeur (de)	muwazzi' (m)	موزّع
leverancier (de)	muwarrid (m)	مورد
land (het)	balad (m)	بلد
buitenlands (bn)	aӡnabiy	أجنبيّ
product (het)	muntaӡ (m)	منتج
associatie (de)	ӡam'iyya (f)	جمعيّة
conferentiezaal (de)	qā'at al mu'tamarāt (f)	قاعة المؤتمرات
congres (het)	mu'tamar (m)	مؤتمر

wedstrijd (de)	musābaqa (f)	مسابقة
bezoeker (de)	zā'ir (m)	زائر
bezoeken (ww)	ḥaḍar	حضر
afnemer (de)	zubūn (m)	زبون

84. Wetenschap. Onderzoek. Wetenschappers

wetenschap (de)	'ilm (m)	علم
wetenschappelijk (bn)	'ilmiy	علميّ
wetenschapper (de)	'ālim (m)	عالم
theorie (de)	naẓariyya (f)	نظريّة
axioma (het)	badīhiyya (f)	بديهيّة
analyse (de)	taḥlīl (m)	تحليل
analyseren (ww)	ḥallal	حلّل
argument (het)	burhān (m)	برهان
substantie (de)	mādda (f)	مادّة
hypothese (de)	farḍiyya (f)	فرضيّة
dilemma (het)	mu'ḍila (f)	معضلة
dissertatie (de)	risāla 'ilmiyya (f)	رسالة علميّة
dogma (het)	'aqīda (f)	عقيدة
doctrine (de)	maðhab (m)	مذهب
onderzoek (het)	baḥθ (m)	بحث
onderzoeken (ww)	baḥaθ	بحث
toetsing (de)	ixtibārāt (pl)	إختبارات
laboratorium (het)	muxtabar (m)	مختبر
methode (de)	manhaʒ (m)	منهج
molecule (de/het)	ʒuzayi' (m)	جزيء
monitoring (de)	riqāba (f)	رقابة
ontdekking (de)	iktiʃāf (m)	إكتشاف
postulaat (het)	musallama (f)	مسلّمة
principe (het)	mabda' (m)	مبدأ
voorspelling (de)	tanabbu' (m)	تنبّؤ
een prognose maken	tanabba'	تنبّأ
synthese (de)	tarkīb (m)	تركيب
tendentie (de)	ittiʒāh (m)	إتّجاه
theorema (het)	naẓariyya (f)	نظريّة
leerstellingen (mv.)	ta'ālīm (pl)	تعاليم
feit (het)	ḥaqīqa (f)	حقيقة
expeditie (de)	ba'θa (f)	بعثة
experiment (het)	taʒriba (f)	تجربة
academicus (de)	akadīmiy (m)	أكاديميّ
bachelor (bijv. BA, LLB)	bakalūriyūs (m)	بكالوريوس
doctor (de)	duktūr (m)	دكتور
universitair docent (de)	ustāð muʃārik (m)	أستاذ مشارك
master, magister (de)	maʒistīr (m)	ماجستير
professor (de)	brufissūr (m)	بروفيسور

Beroepen en ambachten

85. Zoeken naar werk. Ontslag

baan (de)	'amal (m)	عمل
werknemers (mv.)	kawādir (pl)	كوادر
personeel (het)	ṭāqim al 'āmilīn (m)	طاقم العاملين
carrière (de)	masār mihniy (m)	مسار مهنيّ
vooruitzichten (mv.)	'āfāq (pl)	آفاق
meesterschap (het)	mahārāt (pl)	مهارات
keuze (de)	ixtiyār (m)	إختيار
uitzendbureau (het)	wikālat tawẓīf (f)	وكالة توظيف
CV, curriculum vitae (het)	sīra ðātiyya (f)	سيرة ذاتيّة
sollicitatiegesprek (het)	mu'ābalat 'amal (f)	مقابلة عمل
vacature (de)	waẓīfa xāliya (f)	وظيفة خالية
salaris (het)	murattab (m)	مرتّب
vaste salaris (het)	rātib θābit (m)	راتب ثابت
loon (het)	uʒra (f)	أجرة
betrekking (de)	manṣib (m)	منصب
taak, plicht (de)	wāʒib (m)	واجب
takenpakket (het)	maʒmū'a min al wāʒibāt (f)	مجموعة من الواجبات
bezig (~ zijn)	maʃɣūl	مشغول
ontslagen (ww)	aqāl	أقال
ontslag (het)	iqāla (m)	إقالة
werkloosheid (de)	biṭāla (f)	بطالة
werkloze (de)	'āṭil (m)	عاطل
pensioen (het)	ma'āʃ (m)	معاش
met pensioen gaan	uḥīl 'alal ma'āʃ	أحيل على المعاش

86. Zakenmensen

directeur (de)	mudīr (m)	مدير
beheerder (de)	mudīr (m)	مدير
hoofd (het)	mudīr (m), ra'īs (m)	مدير، رئيس
baas (de)	ra'īs (m)	رئيس
superieuren (mv.)	ru'asā' (pl)	رؤساء
president (de)	ra'īs (m)	رئيس
voorzitter (de)	ra'īs (m)	رئيس
adjunct (de)	nā'ib (m)	نائب
assistent (de)	musā'id (m)	مساعد

secretaris (de)	sikirtīr (m)	سكرتير
persoonlijke assistent (de)	sikritīr χāṣṣ (m)	سكرتير خاصّ
zakenman (de)	raǧul a'māl (m)	رجل أعمال
ondernemer (de)	rā'id a'māl (m)	رائد أعمال
oprichter (de)	mu'assis (m)	مؤسّس
oprichten (een nieuw bedrijf ~)	assas	أسّس
stichter (de)	mu'assis (m)	مؤسّس
partner (de)	ʃarīk (m)	شريك
aandeelhouder (de)	musāhim (m)	مساهم
miljonair (de)	milyunīr (m)	مليونير
miljardair (de)	milyardīr (m)	مليارديد
eigenaar (de)	ṣāḥib (m)	صاحب
landeigenaar (de)	ṣāḥib al arḍ (m)	صاحب الأرض
klant (de)	'amīl (m)	عميل
vaste klant (de)	'amīl dā'im (m)	عميل دائم
koper (de)	muʃtari (m)	مشتر
bezoeker (de)	zā'ir (m)	زائر
professioneel (de)	muḥtarif (m)	محترف
expert (de)	χabīr (m)	خبير
specialist (de)	mutaχaṣṣiṣ (m)	متخصّص
bankier (de)	ṣāḥib maṣraf (m)	صاحب مصرف
makelaar (de)	simsār (m)	سمسار
kassier (de)	ṣarrāf (m)	صرّاف
boekhouder (de)	muḥāsib (m)	محاسب
bewaker (de)	ḥāris amn (m)	حارس أمن
investeerder (de)	mustaθmir (m)	مستثمر
schuldenaar (de)	mudīn (m)	مدين
crediteur (de)	dā'in (m)	دائن
lener (de)	muqtariḍ (m)	مقترض
importeur (de)	mustawrid (m)	مستورد
exporteur (de)	muṣaddir (m)	مصدّر
producent (de)	aʃ ʃarika al muṣni'a (f)	الشركة المصنعة
distributeur (de)	muwazzi' (m)	موزّع
bemiddelaar (de)	wasīṭ (m)	وسيط
adviseur, consulent (de)	mustaʃār (m)	مستشار
vertegenwoordiger (de)	mandūb mabi'āt (m)	مندوب مبيعات
agent (de)	wakīl (m)	وكيل
verzekeringsagent (de)	wakīl at ta'mīn (m)	وكيل التأمين

87. Dienstverlenende beroepen

kok (de)	ṭabbāχ (m)	طبّاخ
chef-kok (de)	ʃāf (m)	شاف

bakker (de)	xabbāz (m)	خبّاز
barman (de)	bārman (m)	بارمان
kelner, ober (de)	nādil (m)	نادل
serveerster (de)	nādila (f)	نادلة
advocaat (de)	muḥāmi (m)	محام
jurist (de)	muḥāmi (m)	محام
notaris (de)	muwaθθaq (m)	موثّق
elektricien (de)	kahrabā'iy (m)	كهربائيّ
loodgieter (de)	sabbāk (m)	سبّاك
timmerman (de)	naʒʒār (m)	نجّار
masseur (de)	mudallik (m)	مدلّك
masseuse (de)	mudallika (f)	مدلّكة
dokter, arts (de)	ṭabīb (m)	طبيب
taxichauffeur (de)	sā'iq taksi (m)	سائق تاكسي
chauffeur (de)	sā'iq (m)	سائق
koerier (de)	sā'i (m)	ساع
kamermeisje (het)	'āmilat tanẓīf ɣuraf (f)	عاملة تنظيف غرف
bewaker (de)	ḥāris amn (m)	حارس أمن
stewardess (de)	muḍīfat ṭayarān (f)	مضيفة طيران
meester (de)	mudarris madrasa (m)	مدرّس مدرسة
bibliothecaris (de)	amīn maktaba (m)	أمين مكتبة
vertaler (de)	mutarʒim (m)	مترجم
tolk (de)	mutarʒim fawriy (m)	مترجم فوريّ
gids (de)	murʃid (m)	مرشد
kapper (de)	ḥallāq (m)	حلّاق
postbode (de)	sā'i al barīd (m)	ساعي البريد
verkoper (de)	bā'i' (m)	بائع
tuinman (de)	bustāniy (m)	بستانيّ
huisbediende (de)	xādim (m)	خادم
dienstmeisje (het)	xādima (f)	خادمة
schoonmaakster (de)	'āmilat tanẓīf (f)	عاملة تنظيف

88. Militaire beroepen en rangen

soldaat (rang)	ʒundiy (m)	جنديّ
sergeant (de)	raqīb (m)	رقيب
luitenant (de)	mulāzim (m)	ملازم
kapitein (de)	naqīb (m)	نقيب
majoor (de)	rā'id (m)	رائد
kolonel (de)	'aqīd (m)	عقيد
generaal (de)	ʒinirāl (m)	جنرال
maarschalk (de)	mārʃāl (m)	مارشال
admiraal (de)	amirāl (m)	أميرال
militair (de)	'askariy (m)	عسكريّ
soldaat (de)	ʒundiy (m)	جنديّ

officier (de)	ḍābiṭ (m)	ضابط
commandant (de)	qā'id (m)	قائد
grenswachter (de)	ḥāris ḥudūd (m)	حارس حدود
marconist (de)	'āmil lāsilkiy (m)	عامل لاسلكيّ
verkenner (de)	mustakʃif (m)	مستكشف
sappeur (de)	muhandis 'askariy (m)	مهندس عسكريّ
schutter (de)	rāmi (m)	رام
stuurman (de)	mallāḥ (m)	ملّاح

89. Ambtenaren. Priesters

koning (de)	malik (m)	ملك
koningin (de)	malika (f)	ملكة
prins (de)	amīr (m)	أمير
prinses (de)	amīra (f)	أميرة
tsaar (de)	qayṣar (m)	قيصر
tsarina (de)	qayṣara (f)	قيصرة
president (de)	ra'īs (m)	رئيس
minister (de)	wazīr (m)	وزير
eerste minister (de)	ra'īs wuzarā' (m)	رئيس وزراء
senator (de)	'uḍw maʒlis aʃ ʃuyūχ (m)	عضو مجلس الشيوخ
diplomaat (de)	diblumāsiy (m)	دبلوماسيّ
consul (de)	qunṣul (m)	قنصل
ambassadeur (de)	safīr (m)	سفير
adviseur (de)	mustaʃār (m)	مستشار
ambtenaar (de)	muwaẓẓaf (m)	موظف
prefect (de)	ra'īs idārat al ḥayy (m)	رئيس إدارة الحيّ
burgemeester (de)	ra'īs al baladiyya (m)	رئيس البلديّة
rechter (de)	qāḍi (m)	قاض
aanklager (de)	mudda'i (m)	مدّعٍ
missionaris (de)	mubaʃʃir (m)	مبشّر
monnik (de)	rāhib (m)	راهب
abt (de)	ra'īs ad dayr (m)	رئيس الدير
rabbi, rabbijn (de)	ḥāχām (m)	حاخام
vizier (de)	wazīr (m)	وزير
sjah (de)	ʃāh (m)	شاه
sjeik (de)	ʃɛyχ (m)	شيخ

90. Agrarische beroepen

imker (de)	naḥḥāl (m)	نحّال
herder (de)	rā'i (m)	راعٍ
landbouwkundige (de)	muhandis zirā'iy (m)	مهندس زراعيّ

veehouder (de)	murabbi al mawāʃi (m)	مربّي المواشي
dierenarts (de)	ṭabīb bayṭariy (m)	طبيب بيطري
landbouwer (de)	muzāriʿ (m)	مزارع
wijnmaker (de)	ṣāniʿ an nabīð (m)	صانع النبيذ
zoöloog (de)	xabīr fi ʿilm al ḥayawān (m)	خبير في علم الحيوان
cowboy (de)	rāʿi al baqar (m)	راعي البقر

91. Kunst beroepen

acteur (de)	mumaθθil (m)	ممثّل
actrice (de)	mumaθθila (f)	ممثّلة
zanger (de)	muɣanni (m)	مغنّ
zangeres (de)	muɣanniya (f)	مغنّية
danser (de)	rāqiṣ (m)	راقص
danseres (de)	rāqiṣa (f)	راقصة
artiest (mann.)	fannān (m)	فنّان
artiest (vrouw.)	fannāna (f)	فنّانة
muzikant (de)	ʿāzif (m)	عازف
pianist (de)	ʿāzif biyānu (m)	عازف بيانو
gitarist (de)	ʿāzif gitār (m)	عازف جيتار
orkestdirigent (de)	qāʾid urkistra (m)	قائد أركسترا
componist (de)	mulaḥḥin (m)	ملحّن
impresario (de)	mudīr firqa (m)	مدير فرقة
filmregisseur (de)	muxriʒ (m)	مخرج
filmproducent (de)	muntiʒ (m)	منتج
scenarioschrijver (de)	kātib sināriyu (m)	كاتب سيناريو
criticus (de)	nāqid (m)	ناقد
schrijver (de)	kātib (m)	كاتب
dichter (de)	ʃāʿir (m)	شاعر
beeldhouwer (de)	naḥḥāt (m)	نحّات
kunstenaar (de)	rassām (m)	رسّام
jongleur (de)	bahlawān (m)	بهلوان
clown (de)	muharriʒ (m)	مهرّج
acrobaat (de)	bahlawān (m)	بهلوان
goochelaar (de)	sāḥir (m)	ساحر

92. Verschillende beroepen

dokter, arts (de)	ṭabīb (m)	طبيب
ziekenzuster (de)	mumarriḍa (f)	ممرّضة
psychiater (de)	ṭabīb nafsiy (m)	طبيب نفسيّ
tandarts (de)	ṭabīb al asnān (m)	طبيب الأسنان
chirurg (de)	ʒarrāḥ (m)	جرّاح

astronaut (de)	rā'id faḍā' (m)	رائد فضاء
astronoom (de)	'ālim falak (m)	عالم فلك
piloot (de)	ṭayyār (m)	طيّار
chauffeur (de)	sā'iq (m)	سائق
machinist (de)	sā'iq (m)	سائق
mecanicien (de)	mikanīkiy (m)	ميكانيكيّ
mijnwerker (de)	'āmil manʒam (m)	عامل منجم
arbeider (de)	'āmil (m)	عامل
bankwerker (de)	qaffāl (m)	قفّال
houtbewerker (de)	naʒʒār (m)	نجّار
draaier (de)	xarrāṭ (m)	خرّاط
bouwvakker (de)	'āmil binā' (m)	عامل بناء
lasser (de)	laḥḥām (m)	لحّام
professor (de)	brufissūr (m)	بروفيسور
architect (de)	muhandis mi'māriy (m)	مهندس معماريّ
historicus (de)	mu'arrix (m)	مؤرّخ
wetenschapper (de)	'ālim (m)	عالم
fysicus (de)	fizyā'iy (m)	فيزيائيّ
scheikundige (de)	kimyā'iy (m)	كيميائيّ
archeoloog (de)	'ālim 'āθār (m)	عالم آثار
geoloog (de)	ʒiulūʒiy (m)	جيولوجيّ
onderzoeker (de)	bāḥiθ (m)	باحث
babysitter (de)	murabbiyat aṭfāl (f)	مربّية الأطفال
leraar, pedagoog (de)	mu'allim (m)	معلّم
redacteur (de)	muḥarrir (m)	محرّر
chef-redacteur (de)	ra'īs taḥrīr (m)	رئيس تحرير
correspondent (de)	murāsil (m)	مراسل
typiste (de)	kātiba 'alal 'āla al kātiba (f)	كاتبة على الآلة الكاتبة
designer (de)	muṣammim (m)	مصمّم
computerexpert (de)	mutaxaṣṣiṣ bil kumbyūtir (m)	متخصّص بالكمبيوتر
programmeur (de)	mubarmiʒ (m)	مبرمج
ingenieur (de)	muhandis (m)	مهندس
matroos (de)	baḥḥār (m)	بحّار
zeeman (de)	baḥḥār (m)	بحّار
redder (de)	munqiδ (m)	منقذ
brandweerman (de)	raʒul iṭfā' (m)	رجل إطفاء
politieagent (de)	ʃurṭiy (m)	شرطيّ
nachtwaker (de)	ḥāris (m)	حارس
detective (de)	muḥaqqiq (m)	محقّق
douanier (de)	muwaẓẓaf al ʒamārik (m)	موظّف الجمارك
lijfwacht (de)	ḥāris ʃaxṣiy (m)	حارس شخصيّ
gevangenisbewaker (de)	ḥāris siʒn (m)	حارس سجن
inspecteur (de)	mufattiʃ (m)	مفتّش
sportman (de)	riyāḍiy (m)	رياضيّ
trainer (de)	mudarrib (m)	مدرّب

slager, beenhouwer (de)	ʒazzār (m)	جزّار
schoenlapper (de)	iskāfiy (m)	إسكافيّ
handelaar (de)	tāʒir (m)	تاجر
lader (de)	ḥammāl (m)	حمّال
kledingstilist (de)	muṣammim azyā' (m)	مصمّم أزياء
model (het)	mudīl (f)	موديل

93. Beroepen. Sociale status

scholier (de)	tilmīð (m)	تلميذ
student (de)	ṭālib (m)	طالب
filosoof (de)	faylasūf (m)	فيلسوف
econoom (de)	iqtiṣādiy (m)	إقتصاديّ
uitvinder (de)	muxtariʿ (m)	مخترع
werkloze (de)	ʿāṭil (m)	عاطل
gepensioneerde (de)	mutaqāʿid (m)	متقاعد
spion (de)	ʒāsūs (m)	جاسوس
gedetineerde (de)	saʒīn (m)	سجين
staker (de)	muḍrib (m)	مضرب
bureaucraat (de)	buruqrāṭiy (m)	بيروقراطيّ
reiziger (de)	raḥḥāla (m)	رحّالة
homoseksueel (de)	miθliy ʒinsiyyan (m)	مثليّ جنسيًّا
hacker (computerkraker)	hākir (m)	هاكر
hippie (de)	hippi (m)	هيبيّ
bandiet (de)	qāṭiʿ ṭarīq (m)	قاطع طريق
huurmoordenaar (de)	qātil ma'ʒūr (m)	قاتل مأجور
drugsverslaafde (de)	mudmin muxaddirāt (m)	مدمن مخدّرات
drugshandelaar (de)	tāʒir muxaddirāt (m)	تاجر مخدّرات
prostituee (de)	ʿāhira (f)	عاهرة
pooier (de)	qawwād (m)	قوّاد
tovenaar (de)	sāḥir (m)	ساحر
tovenares (de)	sāḥira (f)	ساحرة
piraat (de)	qurṣān (m)	قرصان
slaaf (de)	ʿabd (m)	عبد
samoerai (de)	samurāy (m)	ساموراي
wilde (de)	mutawaḥḥiʃ (m)	متوحّش

Onderwijs

94. School

Nederlands	Transliteratie	العربية
school (de)	madrasa (f)	مدرسة
schooldirecteur (de)	mudīr madrasa (m)	مدير مدرسة
leerling (de)	tilmīð (m)	تلميذ
leerlinge (de)	tilmīða (f)	تلميذة
scholier (de)	tilmīð (m)	تلميذ
scholiere (de)	tilmīða (f)	تلميذة
leren (lesgeven)	'allam	علّم
studeren (bijv. een taal ~)	ta'allam	تعلّم
van buiten leren	ḥafaẓ	حفظ
leren (bijv. ~ tellen)	ta'allam	تعلّم
in school zijn (schooljongen zijn)	daras	درس
naar school gaan	ðahab ilal madrasa	ذهب إلى المدرسة
alfabet (het)	alifbā' (m)	الفباء
vak (schoolvak)	mādda (f)	مادّة
klaslokaal (het)	faṣl (m)	فصل
les (de)	dars (m)	درس
pauze (de)	istirāḥa (f)	إستراحة
bel (de)	ʒaras al madrasa (m)	جرس المدرسة
schooltafel (de)	taxta lil madrasa (m)	تخته للمدرسة
schoolbord (het)	sabbūra (f)	سبّورة
cijfer (het)	daraʒa (f)	درجة
goed cijfer (het)	daraʒa ʒayyida (f)	درجة جيّدة
slecht cijfer (het)	daraʒa ɣayr ʒayyida (f)	درجة غير جيّدة
een cijfer geven	a'ṭa daraʒa	أعطى درجة
fout (de)	xaṭa' (m)	خطأ
fouten maken	axṭa'	أخطأ
corrigeren (fouten ~)	ṣaḥḥaḥ	صحّح
spiekbriefje (het)	waraqat ɣaʃʃ (f)	ورقة غشّ
huiswerk (het)	wāʒib manziliy (m)	واجب منزليّ
oefening (de)	tamrīn (m)	تمرين
aanwezig zijn (ww)	ḥaḍar	حضر
absent zijn (ww)	ɣāb	غاب
school verzuimen	taɣayyab 'an al madrasa	تغيّب عن المدرسة
bestraffen (een stout kind ~)	'āqab	عاقب
bestraffing (de)	'uqūba (f), 'iqāb (m)	عقوبة, عقاب

gedrag (het)	sulūk (m)	سلوك
cijferlijst (de)	at taqrīr al madrasiy (m)	التقرير المدرسيّ
potlood (het)	qalam ruṣāṣ (m)	قلم رصاص
gom (de)	astīka (f)	أستيكة
krijt (het)	ṭabāʃīr (m)	طباشير
pennendoos (de)	maqlama (f)	مقلمة
boekentas (de)	ʃanṭat al madrasa (f)	شنطة المدرسة
pen (de)	qalam (m)	قلم
schrift (de)	daftar (m)	دفتر
leerboek (het)	kitāb taʿlīm (m)	كتاب تعليم
passer (de)	barʒal (m)	برجل
technisch tekenen (ww)	rasam rasm taqniy	رسم رسمًا تقنيًّا
technische tekening (de)	rasm taqniy (m)	رسم تقنيّ
gedicht (het)	qaṣīda (f)	قصيدة
van buiten (bw)	ʿan ẓahr qalb	عن ظهر قلب
van buiten leren	ḥafaẓ	حفظ
vakantie (de)	ʿuṭla madrasiyya (f)	عطلة مدرسيّة
met vakantie zijn	ʿindahu ʿuṭla	عنده عطلة
vakantie doorbrengen	qaḍa al ʿuṭla	قضى العطلة
toets (schriftelijke ~)	imtiḥān (m)	إمتحان
opstel (het)	inʃāʾ (m)	إنشاء
dictee (het)	imlāʾ (m)	إملاء
examen (het)	imtiḥān (m)	إمتحان
examen afleggen	marr al imtiḥān	مرّ الإمتحان
experiment (het)	taʒriba (f)	تجربة

95. Hogeschool. Universiteit

academie (de)	akadīmiyya (f)	أكاديميّة
universiteit (de)	ʒāmiʿa (f)	جامعة
faculteit (de)	kulliyya (f)	كليّة
student (de)	ṭālib (m)	طالب
studente (de)	ṭāliba (f)	طالبة
leraar (de)	muḥāḍir (m)	محاضر
collegezaal (de)	mudarraʒ (m)	مدرّج
afgestudeerde (de)	mutaxarriʒ (m)	متخرّج
diploma (het)	diblūma (f)	دبلومة
dissertatie (de)	risāla ʿilmiyya (f)	رسالة علميّة
onderzoek (het)	dirāsa (f)	دراسة
laboratorium (het)	muxtabar (m)	مختبر
college (het)	muḥāḍara (f)	محاضرة
medestudent (de)	zamīl fiṣ ṣaff (m)	زميل في الصفّ
studiebeurs (de)	minḥa dirāsiyya (f)	منحة دراسيّة
academische graad (de)	daraʒa ʿilmiyya (f)	درجة علميّة

96. Wetenschappen. Disciplines

wiskunde (de)	riyāḍīyyāt (pl)	رياضيّات
algebra (de)	al ʒabr (m)	الجبر
meetkunde (de)	handasa (f)	هندسة
astronomie (de)	ʿilm al falak (m)	علم الفلك
biologie (de)	ʿilm al aḥyāʾ (m)	علم الأحياء
geografie (de)	ʒuɣrāfiya (f)	جغرافيا
geologie (de)	ʒiulūʒiya (f)	جيولوجيا
geschiedenis (de)	tarīx (m)	تاريخ
geneeskunde (de)	ṭibb (m)	طبّ
pedagogiek (de)	ʿilm at tarbiya (f)	علم التربية
rechten (mv.)	qānūn (m)	قانون
fysica, natuurkunde (de)	fizyāʾ (f)	فيزياء
scheikunde (de)	kimyāʾ (f)	كيمياء
filosofie (de)	falsafa (f)	فلسفة
psychologie (de)	ʿilm an nafs (m)	علم النفس

97. Schrift. Spelling

grammatica (de)	an naḥw waṣ ṣarf (m)	النحو والصرف
vocabulaire (het)	mufradāt al luɣa (pl)	مفردات اللغة
fonetiek (de)	ṣawtīyyāt (pl)	صوتيّات
zelfstandig naamwoord (het)	ism (m)	إسم
bijvoeglijk naamwoord (het)	ṣifa (f)	صفة
werkwoord (het)	fiʿl (m)	فعل
bijwoord (het)	ẓarf (m)	ظرف
voornaamwoord (het)	ḍamīr (m)	ضمير
tussenwerpsel (het)	ḥarf nidāʾ (m)	حرف نداء
voorzetsel (het)	ḥarf al ʒarr (m)	حرف الجرّ
stam (de)	ʒiðr al kalima (m)	جذر الكلمة
achtervoegsel (het)	nihāya (f)	نهاية
voorvoegsel (het)	sābiqa (f)	سابقة
lettergreep (de)	maqṭaʿ lafẓiy (m)	مقطع لفظيّ
achtervoegsel (het)	lāḥiqa (f)	لاحقة
nadruk (de)	nabra (f)	نبرة
afkappingsteken (het)	ʿalāmat ḥaðf (f)	علامة حذف
punt (de)	nuqṭa (f)	نقطة
komma (de/het)	fāṣila (f)	فاصلة
puntkomma (de)	nuqṭa wa fāṣila (f)	نقطة وفاصلة
dubbelpunt (de)	nuqṭatān raʾsiyyatān (du)	نقطتان رأسيتان
beletselteken (het)	θalāθ nuqaṭ (pl)	ثلاث نقط
vraagteken (het)	ʿalāmat istifhām (f)	علامة إستفهام
uitroepteken (het)	ʿalāmat taʿaʒʒub (f)	علامة تعجّب

aanhalingstekens (mv.)	'alāmāt al iqtibās (pl)	علامات الإقتباس
tussen aanhalingstekens (bw)	bayn 'alāmatay al iqtibās	بين علامتي الإقتباس
haakjes (mv.)	qawsān (du)	قوسان
tussen haakjes (bw)	bayn al qawsayn	بين القوسين
streepje (het)	'alāmat waṣl (f)	علامة وصل
gedachtestreepje (het)	ʃurṭa (f)	شرطة
spatie	farāɣ (m)	فراغ
(~ tussen twee woorden)		
letter (de)	ḥarf (m)	حرف
hoofdletter (de)	ḥarf kabīr (m)	حرف كبير
klinker (de)	ḥarf ṣawtiy (m)	حرف صوتيّ
medeklinker (de)	ḥarf sākin (m)	حرف ساكن
zin (de)	ʒumla (f)	جملة
onderwerp (het)	fāʻil (m)	فاعل
gezegde (het)	musnad (m)	مسند
regel (in een tekst)	saṭr (m)	سطر
op een nieuwe regel (bw)	min bidāyat as saṭr	من بداية السطر
alinea (de)	fiqra (f)	فقرة
woord (het)	kalima (f)	كلمة
woordgroep (de)	maʒmūʻa min al kalimāt (pl)	مجموعة من الكلمات
uitdrukking (de)	'ibāra (f)	عبارة
synoniem (het)	murādif (m)	مرادف
antoniem (het)	mutaḍādd luɣawiy (m)	متضادّ
regel (de)	qāʻida (f)	قاعدة
uitzondering (de)	istiθnāʼ (m)	إستثناء
correct (bijv. ~e spelling)	ṣaḥīḥ	صحيح
vervoeging, conjugatie (de)	ṣarf (m)	صرف
verbuiging, declinatie (de)	taṣrīf al asmāʼ (m)	تصريف الأسماء
naamval (de)	ḥāla ismiyya (f)	حالة إسميّة
vraag (de)	suʼāl (m)	سؤال
onderstrepen (ww)	waḍaʻ xaṭṭ taḥt	وضع خطًا تحت
stippellijn (de)	xaṭṭ munaqqaṭ (m)	خط منقّط

98. Vreemde talen

taal (de)	luɣa (f)	لغة
vreemd (bn)	aʒnabiy	أجنبيّ
vreemde taal (de)	luɣa aʒnabiyya (f)	لغة أجنبيّة
leren (bijv. van buiten ~)	daras	درس
studeren (Nederlands ~)	taʻallam	تعلّم
lezen (ww)	qaraʼ	قرأ
spreken (ww)	takallam	تكلّم
begrijpen (ww)	fahim	فهم
schrijven (ww)	katab	كتب
snel (bw)	bi surʻa	بسرعة

langzaam (bw)	bi buṭ'	ببطء
vloeiend (bw)	bi ṭalāqa	بطلاقة
regels (mv.)	qawā'id (pl)	قواعد
grammatica (de)	an naḥw waṣ ṣarf (m)	النحو والصرف
vocabulaire (het)	mufradāt al luɣa (pl)	مفردات اللغة
fonetiek (de)	ṣawtīyyāt (pl)	صوتيّات
leerboek (het)	kitāb ta'līm (m)	كتاب تعليم
woordenboek (het)	qāmūs (m)	قاموس
leerboek (het) voor zelfstudie	kitāb ta'līm ðātiy (m)	كتاب تعليم ذاتيّ
taalgids (de)	kitāb lil 'ibārāt aʃ ʃā'i'a (m)	كتاب للعبارت الشائعة
cassette (de)	ʃarīṭ (m)	شريط
videocassette (de)	ʃarīṭ vidiyu (m)	شريط فيديو
CD (de)	si di (m)	سي دي
DVD (de)	di vi di (m)	دي في دي
alfabet (het)	alifbā' (m)	الفباء
spellen (ww)	tahaʒʒa	تهجّى
uitspraak (de)	nuṭq (m)	نطق
accent (het)	lukna (f)	لكنة
met een accent (bw)	bi lukna	بلكنة
zonder accent (bw)	bi dūn lukna	بدون لكنة
woord (het)	kalima (f)	كلمة
betekenis (de)	ma'na (m)	معنى
cursus (de)	dawra (f)	دورة
zich inschrijven (ww)	saʒʒal ismahu	سجّل إسمه
leraar (de)	mudarris (m)	مدرّس
vertaling (een ~ maken)	tarʒama (f)	ترجمة
vertaling (tekst)	tarʒama (f)	ترجمة
vertaler (de)	mutarʒim (m)	مترجم
tolk (de)	mutarʒim fawriy (m)	مترجم فوريّ
polyglot (de)	'alīm bi 'iddat luɣāt (m)	عليم بعدّة لغات
geheugen (het)	ðākira (f)	ذاكرة

Rusten. Entertainment. Reizen

99. Trip. Reizen

toerisme (het)	siyāḥa (f)	سياحة
toerist (de)	sā'iḥ (m)	سائح
reis (de)	riḥla (f)	رحلة
avontuur (het)	muɣāmara (f)	مغامرة
tocht (de)	riḥla (f)	رحلة
vakantie (de)	'uṭla (f)	عطلة
met vakantie zijn	'indahu 'uṭla	عنده عطلة
rust (de)	istirāḥa (f)	إستراحة
trein (de)	qiṭār (m)	قطار
met de trein	bil qiṭār	بالقطار
vliegtuig (het)	ṭā'ira (f)	طائرة
met het vliegtuig	biṭ ṭā'ira	بالطائرة
met de auto	bis sayyāra	بالسيارة
per schip (bw)	bis safīna	بالسفينة
bagage (de)	aʃ ʃunaṭ (pl)	الشنط
valies (de)	ḥaqībat safar (f)	حقيبة سفر
bagagekarretje (het)	'arabat ʃunaṭ (f)	عربة شنط
paspoort (het)	ʒawāz as safar (m)	جواز السفر
visum (het)	ta'ʃīra (f)	تأشيرة
kaartje (het)	taðkira (f)	تذكرة
vliegticket (het)	taðkirat ṭā'ira (f)	تذكرة طائرة
reisgids (de)	dalīl (m)	دليل
kaart (de)	xarīṭa (f)	خريطة
gebied (landelijk ~)	minṭaqa (f)	منطقة
plaats (de)	makān (m)	مكان
exotische bestemming (de)	ɣarāba (f)	غرابة
exotisch (bn)	ɣarīb	غريب
verwonderlijk (bn)	mudhiʃ	مدهش
groep (de)	maʒmū'a (f)	مجموعة
rondleiding (de)	ʒawla (f)	جولة
gids (de)	murʃid (m)	مرشد

100. Hotel

hotel (het)	funduq (m)	فندق
motel (het)	mutīl (m)	موتيل
3-sterren	θalāθat nuʒūm	ثلاثة نجوم

5-sterren	xamsat nuʒūm	خمسة نجوم
overnachten (ww)	nazal	نزل
kamer (de)	ɣurfa (f)	غرفة
eenpersoonskamer (de)	ɣurfa li ʃaxṣ wāḥid (f)	غرفة لشخص واحد
tweepersoonskamer (de)	ɣurfa li ʃaxṣayn (f)	غرفة لشخصين
een kamer reserveren	ḥaʒaz ɣurfa	حجز غرفة
halfpension (het)	waʒbitān fil yawm (du)	وجبتان في اليوم
volpension (het)	θalāθ waʒabāt fil yawm	ثلاث وجبات في اليوم
met badkamer	bi ḥawḍ al istiḥmām	بحوض الإستحمام
met douche	bid duʃ	بالدوش
satelliet-tv (de)	tilivizyūn faḍāʾiy (m)	تلفزيون فضائيّ
airconditioner (de)	takyīf (m)	تكييف
handdoek (de)	fūṭa (f)	فوطة
sleutel (de)	miftāḥ (m)	مفتاح
administrateur (de)	mudīr (m)	مدير
kamermeisje (het)	ʿāmilat tanẓīf ɣuraf (f)	عاملة تنظيف غرف
piccolo (de)	ḥammāl (m)	حمّال
portier (de)	bawwāb (m)	بوّاب
restaurant (het)	maṭʿam (m)	مطعم
bar (de)	bār (m)	بار
ontbijt (het)	fuṭūr (m)	فطور
avondeten (het)	ʿaʃāʾ (m)	عشاء
buffet (het)	bufīh (m)	بوفيه
hal (de)	radha (f)	ردهة
lift (de)	miṣʿad (m)	مصعد
NIET STOREN	ar raʒāʾ ʿadam al izʿāʒ	الرجاء عدم الإزعاج
VERBODEN TE ROKEN!	mamnūʿ at tadxīn	ممنوع التدخين

TECHNISCHE APPARATUUR. VERVOER

Technische apparatuur

101. Computer

Nederlands	Transliteratie	Arabisch
computer (de)	kumbyūtir (m)	كمبيوتر
laptop (de)	kumbyūtir maḥmūl (m)	كمبيوتر محمول
aanzetten (ww)	ʃayɣal	شغّل
uitzetten (ww)	aɣlaq	أغلق
toetsenbord (het)	lawḥat al mafātīḥ (f)	لوحة المفاتيح
toets (enter~)	miftāḥ (m)	مفتاح
muis (de)	fa'ra (f)	فأرة
muismat (de)	wisādat fa'ra (f)	وسادة فأرة
knopje (het)	zirr (m)	زرّ
cursor (de)	mu'aʃʃir (m)	مؤشّر
monitor (de)	ʃāʃa (f)	شاشة
scherm (het)	ʃāʃa (f)	شاشة
harde schijf (de)	qurṣ ṣalib (m)	قرص صلب
volume (het) van de harde schijf	si'at taxzīn (f)	سعة تخزين
geheugen (het)	ðākira (f)	ذاكرة
RAM-geheugen (het)	ðākirat al wuṣūl al 'aʃwā'iy (f)	ذاكرة الوصول العشوائيّ
bestand (het)	malaff (m)	ملفّ
folder (de)	ḥāfiẓa (m)	حافظة
openen (ww)	fataḥ	فتح
sluiten (ww)	aɣlaq	أغلق
opslaan (ww)	ḥafaẓ	حفظ
verwijderen (wissen)	masaḥ	مسح
kopiëren (ww)	nasax	نسخ
sorteren (ww)	ṣannaf	صنّف
overplaatsen (ww)	naqal	نقل
programma (het)	barnāmaʒ (m)	برنامج
software (de)	barāmiʒ kumbyūtir (pl)	برامج كمبيوتر
programmeur (de)	mubarmiʒ (m)	مبرمج
programmeren (ww)	barmaʒ	برمج
hacker (computerkraker)	hākir (m)	هاكر
wachtwoord (het)	kalimat as sirr (f)	كلمة السرّ
virus (het)	virūs (m)	فيروس
ontdekken (virus ~)	waʒad	وجد

byte (de)	bayt (m)	بايت
megabyte (de)	miʒabāyt (m)	ميجابايت
data (de)	bayānāt (pl)	بيانات
databank (de)	qaʻidat bayānāt (f)	قاعدة بيانات
kabel (USB-~, enz.)	kābil (m)	كابل
afsluiten (ww)	faṣal	فصل
aansluiten op (ww)	waṣṣal	وصّل

102. Internet. E-mail

internet (het)	intirnit (m)	إنترنت
browser (de)	mutaṣaffiḥ (m)	متصفح
zoekmachine (de)	muḥarrik baḥθ (m)	محرّك بحث
internetprovider (de)	ʃarikat al intirnīt (f)	شركة الإنترنيت
webmaster (de)	mudīr al mawqiʻ (m)	مدير الموقع
website (de)	mawqiʻ iliktrūniy (m)	موقع إلكتروني
webpagina (de)	ṣafḥat wīb (f)	صفحة ويب
adres (het)	ʻunwān (m)	عنوان
adresboek (het)	daftar al ʻanāwīn (m)	دفتر العناوين
postvak (het)	ṣundūq al barīd (m)	صندوق البريد
post (de)	barīd (m)	بريد
vol (~ postvak)	mumtali'	ممتلىء
bericht (het)	risāla iliktrūniyya (f)	رسالة إلكترونيّة
binnenkomende berichten (mv.)	rasa'il wārida (pl)	رسائل واردة
uitgaande berichten (mv.)	rasa'il ṣādira (pl)	رسائل صادرة
verzender (de)	mursil (m)	مرسل
verzenden (ww)	arsal	أرسل
verzending (de)	irsāl (m)	إرسال
ontvanger (de)	mursal ilayh (m)	مرسل إليه
ontvangen (ww)	istalam	إستلم
correspondentie (de)	murāsala (f)	مراسلة
corresponderen (met …)	tarāsal	تراسل
bestand (het)	malaff (m)	ملفّ
downloaden (ww)	ḥammal	حمّل
creëren (ww)	anʃa'	أنشأ
verwijderen (een bestand ~)	masaḥ	مسح
verwijderd (bn)	mamsūḥ	ممسوح
verbinding (de)	ittiṣāl (m)	إتّصال
snelheid (de)	surʻa (f)	سرعة
modem (de)	mudim (m)	مودم
toegang (de)	wuṣūl (m)	وصول
poort (de)	maxraʒ (m)	مخرج
aansluiting (de)	ittiṣāl (m)	إتّصال

zich aansluiten (ww)	ittaṣal	إتّصل
selecteren (ww)	ixtār	إختار
zoeken (ww)	baḥaθ	بحث

103. Elektriciteit

elektriciteit (de)	kahrabā' (m)	كهرباء
elektrisch (bn)	kahrabā'iy	كهربائيّ
elektriciteitscentrale (de)	maḥaṭṭa kahrabā'iyya (f)	محطّة كهربائيّة
energie (de)	ṭāqa (f)	طاقة
elektrisch vermogen (het)	ṭāqa kahrabā'iyya (f)	طاقة كهربائيّة
lamp (de)	lamba (f)	لمبة
zaklamp (de)	kaʃʃāf an nūr (m)	كشّاف النور
straatlantaarn (de)	ʿamūd an nūr (m)	عمود النور
licht (elektriciteit)	nūr (m)	نور
aandoen (ww)	fataḥ, ʃayyal	فتح، شغّل
uitdoen (ww)	ṭaffa	طفّى
het licht uitdoen	ṭaffa n nūr	طفّى النور
doorbranden (gloeilamp)	intafa'	إنطفأ
kortsluiting (de)	da'ira kahrabā'iyya qaṣīra (f)	دائرة كهربائيّة قصيرة
onderbreking (de)	silk maqṭūʿ (m)	سلك مقطوع
contact (het)	talāmus (m)	تلامس
schakelaar (de)	miftāḥ an nūr (m)	مفتاح النور
stopcontact (het)	barizat al kahrabā' (f)	بريزة الكهرباء
stekker (de)	fīʃat al kahrabā' (f)	فيشة الكهرباء
verlengsnoer (de)	silk tawṣīl (m)	سلك توصيل
zekering (de)	fāṣima (f)	فاصمة
kabel (de)	silk (m)	سلك
bedrading (de)	aslāk (pl)	أسلاك
ampère (de)	ambīr (m)	أمبير
stroomsterkte (de)	ʃiddat at tayyār al kahrabā'iy (f)	شدّة التيّار الكهربائيّ
volt (de)	vūlt (m)	فولت
spanning (de)	ʒuhd kahrabā'iy (m)	جهد كهربائيّ
elektrisch toestel (het)	ʒihāz kahrabā'iy (m)	جهاز كهربائيّ
indicator (de)	mu'aʃʃir (m)	مؤشّر
elektricien (de)	kahrabā'iy (m)	كهربائيّ
solderen (ww)	laḥam	لحم
soldeerbout (de)	adāt laḥm (f)	أداة لحم
stroom (de)	tayyār kahrabā'iy (m)	تيّار كهربائيّ

104. Gereedschappen

werktuig (stuk gereedschap)	adāt (f)	أداة
gereedschap (het)	adawāt (pl)	أدوات

uitrusting (de)	muʻaddāt (pl)	معدّات
hamer (de)	miṭraqa (f)	مطرقة
schroevendraaier (de)	mifakk (m)	مفكّ
bijl (de)	fa's (m)	فأس
zaag (de)	minʃār (m)	منشار
zagen (ww)	naʃar	نشر
schaaf (de)	masḥāʒ (m)	مسحج
schaven (ww)	saḥaʒ	سحج
soldeerbout (de)	adāt laḥm (f)	أداة لحم
solderen (ww)	laḥam	لحم
vijl (de)	mibrad (m)	مبرد
nijptang (de)	kammāʃa (f)	كمّاشة
combinatietang (de)	zardiyya (f)	زرديّة
beitel (de)	izmīl (m)	إزميل
boorkop (de)	luqmat θaqb (m)	لقمة ثقب
boormachine (de)	miθqab (m)	مثقب
boren (ww)	θaqab	ثقب
mes (het)	sikkīn (m)	سكّين
zakmes (het)	sikkīn ʒayb (m)	سكّين جيب
lemmet (het)	ʃafra (f)	شفرة
scherp (bijv. ~ mes)	ḥādd	حادّ
bot (bn)	θālim	ثالم
bot raken (ww)	taθallam	تثلّم
slijpen (een mes ~)	ʃaḥað	شحذ
bout (de)	mismār qalāwūz (m)	مسمار قلاووظ
moer (de)	ṣamūla (f)	صامولة
schroefdraad (de)	naẓm (m)	نظم
houtschroef (de)	qalāwūz (m)	قلاووظ
spijker (de)	mismār (m)	مسمار
kop (de)	ra's al mismār (m)	رأس المسمار
liniaal (de/het)	masṭara (f)	مسطرة
rolmeter (de)	ʃarīṭ al qiyās (m)	شريط القياس
waterpas (de/het)	mīzān al mā' (m)	ميزان الماء
loep (de)	ʻadasa mukabbira (f)	عدسة مكبّرة
meetinstrument (het)	ʒihāz qiyās (m)	جهاز قياس
opmeten (ww)	qās	قاس
schaal (meetschaal)	miqyās (m)	مقياس
gegevens (mv.)	qirā'a (f)	قراءة
compressor (de)	ḍāyiṭ al ɣāz (m)	ضاغط الغاز
microscoop (de)	mikruskūb (m)	ميكروسكوب
pomp (de)	ṭulumba (f)	طلمبة
robot (de)	rūbut (m)	روبوت
laser (de)	layzir (m)	ليزر
moersleutel (de)	miftāḥ aṣ ṣawāmīl (m)	مفتاح الصواميل
plakband (de)	lazq (m)	لزق

lijm (de)	ṣamɣ (m)	صمغ
schuurpapier (het)	waraq ṣanfara (m)	ورق صنفرة
veer (de)	sūsta (f)	سوستة
magneet (de)	miɣnaṭīs (m)	مغنطيس
handschoenen (mv.)	quffāz (m)	قفاز
touw (bijv. henneptouw)	ḥabl (m)	حبل
snoer (het)	ḥabl (m)	حبل
draad (de)	silk (m)	سلك
kabel (de)	kābil (m)	كابل
moker (de)	mirzaba (f)	مرزبة
breekijzer (het)	'atala (f)	عتلة
ladder (de)	sullam (m)	سلّم
trapje (inklapbaar ~)	sullam (m)	سلّم
aanschroeven (ww)	aḥkam aʃ ʃadd	أحكم الشدّ
losschroeven (ww)	fataḥ	فتح
dichtpersen (ww)	kamaʃ	كمش
vastlijmen (ww)	alṣaq	ألصق
snijden (ww)	qaṭa'	قطع
defect (het)	ta'aṭṭul (m)	تعطّل
reparatie (de)	iṣlāḥ (m)	إصلاح
repareren (ww)	aṣlaḥ	أصلح
regelen (een machine ~)	ḍabaṭ	ضبط
checken (ww)	ixtabar	إختبر
controle (de)	faḥṣ (m)	فحص
gegevens (mv.)	qirā'a (f)	قراءة
degelijk (bijv. ~ machine)	matīn	متين
ingewikkeld (bn)	murakkab	مركّب
roesten (ww)	ṣadi'	صدئ
roestig (bn)	ṣadi'	صديء
roest (de/het)	ṣada' (m)	صدأ

Vervoer

105. Vliegtuig

Nederlands	Transliteratie	العربية
vliegtuig (het)	ṭā'ira (f)	طائرة
vliegticket (het)	taðkirat ṭā'ira (f)	تذكرة طائرة
luchtvaartmaatschappij (de)	ʃarikat ṭayarān (f)	شركة طيران
luchthaven (de)	maṭār (m)	مطار
supersonisch (bn)	xāriq liṣ ṣawt	خارق للصوت
gezagvoerder (de)	qā'id aṭ ṭā'ira (m)	قائد الطائرة
bemanning (de)	ṭāqim (m)	طاقم
piloot (de)	ṭayyār (m)	طيّار
stewardess (de)	muḍīfat ṭayarān (f)	مضيفة طيران
stuurman (de)	mallāḥ (m)	ملّاح
vleugels (mv.)	aʒniḥa (pl)	أجنحة
staart (de)	ðayl (m)	ذيل
cabine (de)	kabīna (f)	كابينة
motor (de)	mutūr (m)	موتور
landingsgestel (het)	'aʒalāt al hubūṭ (pl)	عجلات الهبوط
turbine (de)	turbīna (f)	تربينة
propeller (de)	mirwaḥa (f)	مروحة
zwarte doos (de)	musaʒʒil aṭ ṭayarān (m)	مسجّل الطيران
stuur (het)	'aʒalat qiyāda (f)	عجلة قيادة
brandstof (de)	wuqūd (m)	وقود
veiligheidskaart (de)	biṭāqat as salāma (f)	بطاقة السلامة
zuurstofmasker (het)	qinā' uksiʒīn (m)	قناع أوكسيجين
uniform (het)	libās muwaḥḥad (m)	لباس موحّد
reddingsvest (de)	sutrat naʒāt (f)	سترة نجاة
parachute (de)	miʒallat hubūṭ (f)	مظلّة هبوط
opstijgen (het)	iqlā' (m)	إقلاع
opstijgen (ww)	aqla'at	أقلعت
startbaan (de)	madraʒ aṭ ṭā'irāt (m)	مدرج الطائرات
zicht (het)	ru'ya (f)	رؤية
vlucht (de)	ṭayarān (m)	طيران
hoogte (de)	irtifā' (m)	إرتفاع
luchtzak (de)	ʒayb hawā'iy (m)	جيب هوائيّ
plaats (de)	maq'ad (m)	مقعد
koptelefoon (de)	sammā'āt ra'siya (pl)	سمّاعات رأسيّة
tafeltje (het)	ṣīniyya qābila liṭ ṭayy (f)	صينية قابلة للطيّ
venster (het)	ʃubbāk aṭ ṭā'ira (m)	شبّاك الطائرة
gangpad (het)	mamarr (m)	ممرّ

106. Trein

trein (de)	qiṭār (m)	قطار
elektrische trein (de)	qiṭār (m)	قطار
sneltrein (de)	qiṭār sarī' (m)	قطار سريع
diesellocomotief (de)	qāṭirat dīzil (f)	قاطرة ديزل
stoomlocomotief (de)	qāṭira buxāriyya (f)	قاطرة بخاريّة
rijtuig (het)	'araba (f)	عربة
restauratierijtuig (het)	'arabat al maṭ'am (f)	عربة المطعم
rails (mv.)	quḍubān (pl)	قضبان
spoorweg (de)	sikka ḥadīdiyya (f)	سكّة حديديّة
dwarsligger (de)	'āriḍa (f)	عارضة
perron (het)	raṣīf (m)	رصيف
spoor (het)	xaṭṭ (m)	خطّ
semafoor (de)	simafūr (m)	سيمافور
halte (bijv. kleine treinhalte)	maḥaṭṭa (f)	محطّة
machinist (de)	sā'iq (m)	سائق
kruier (de)	ḥammāl (m)	حمّال
conducteur (de)	mas'ūl 'arabat al qiṭār (m)	مسؤول عربة القطار
passagier (de)	rākib (m)	راكب
controleur (de)	kamsariy (m)	كمسريّ
gang (in een trein)	mamarr (m)	ممرّ
noodrem (de)	farāmil aṭ ṭawāri' (pl)	فرامل الطوارئ
coupé (de)	ɣurfa (f)	غرفة
bed (slaapplaats)	sarīr (m)	سرير
bovenste bed (het)	sarīr 'ulwiy (m)	سرير علويّ
onderste bed (het)	sarīr sufliy (m)	سرير سفليّ
beddengoed (het)	axṭiyat as sarīr (pl)	أغطية السرير
kaartje (het)	taðkira (f)	تذكرة
dienstregeling (de)	ʒadwal (m)	جدول
informatiebord (het)	lawḥat ma'lūmāt (f)	لوحة معلومات
vertrekken (De trein vertrekt …)	ɣādar	غادر
vertrek (ov. een trein)	muɣādara (f)	مغادرة
aankomen (ov. de treinen)	waṣal	وصل
aankomst (de)	wuṣūl (m)	وصول
aankomen per trein	waṣal bil qiṭār	وصل بالقطار
in de trein stappen	rakib al qiṭār	ركب القطار
uit de trein stappen	nazil min al qiṭār	نزل من القطار
treinwrak (het)	ḥiṭām qiṭār (m)	حطام قطار
ontspoord zijn	xaraʒ 'an xaṭṭ sayrih	خرج عن خطّ سيره
stoomlocomotief (de)	qāṭira buxāriyya (f)	قاطرة بخاريّة
stoker (de)	aṭafʒiy (m)	عطشجيّ
stookplaats (de)	furn al muḥarrik (m)	فرن المحرّك
steenkool (de)	faḥm (m)	فحم

107. Schip

Nederlands	Transliteratie	Arabisch
schip (het)	safīna (f)	سفينة
vaartuig (het)	safīna (f)	سفينة
stoomboot (de)	bāxira (f)	باخرة
motorschip (het)	bāxira nahriyya (f)	باخرة نهريّة
lijnschip (het)	bāxira siyaḥiyya (f)	باخرة سياحيّة
kruiser (de)	ṭarrād (m)	طرّاد
jacht (het)	yaxt (m)	يخت
sleepboot (de)	qāṭira (f)	قاطرة
duwbak (de)	ṣandal (m)	صندل
ferryboot (de)	ʿabbāra (f)	عبّارة
zeilboot (de)	safīna širāʿiyya (m)	سفينة شراعيّة
brigantijn (de)	markab širāʿiy (m)	مركب شراعيّ
ijsbreker (de)	muḥaṭṭimat ʒalīd (f)	محطّمة جليد
duikboot (de)	ɣawwāṣa (f)	غوّاصة
boot (de)	markab (m)	مركب
sloep (de)	zawraq (m)	زورق
reddingssloep (de)	qārib naʒāt (m)	قارب نجاة
motorboot (de)	lanš (m)	لنش
kapitein (de)	qubṭān (m)	قبطان
zeeman (de)	baḥḥār (m)	بحّار
matroos (de)	baḥḥār (m)	بحّار
bemanning (de)	ṭāqim (m)	طاقم
bootsman (de)	raʾīs al baḥḥāra (m)	رئيس البحّارة
scheepsjongen (de)	ṣabiy as safīna (m)	صبي السفينة
kok (de)	ṭabbāx (m)	طبّاخ
scheepsarts (de)	ṭabīb as safīna (m)	طبيب السفينة
dek (het)	saṭḥ as safīna (m)	سطح السفينة
mast (de)	sāriya (f)	سارية
zeil (het)	širāʿ (m)	شراع
ruim (het)	ʿambar (m)	عنبر
voorsteven (de)	muqaddama (m)	مقدّمة
achtersteven (de)	muʾaxirat as safīna (f)	مؤخرة السفينة
roeispaan (de)	miʒðāf (m)	مجذاف
schroef (de)	mirwaḥa (f)	مروحة
kajuit (de)	kabīna (f)	كابينة
officierskamer (de)	ɣurfat al istirāḥa (f)	غرفة الإستراحة
machinekamer (de)	qism al ʾālāt (m)	قسم الآلات
brug (de)	burʒ al qiyāda (m)	برج القيادة
radiokamer (de)	ɣurfat al lāsilkiy (f)	غرفة اللاسلكيّ
radiogolf (de)	mawʒa (f)	موجة
logboek (het)	siʒil as safīna (m)	سجل السفينة
verrekijker (de)	minẓār (m)	منظار
klok (de)	ʒaras (m)	جرس

vlag (de)	'alam (m)	علم
kabel (de)	ḥabl (m)	حبل
knoop (de)	'uqda (f)	عقدة
leuning (de)	drabizīn (m)	درابزين
trap (de)	sullam (m)	سلّم
anker (het)	mirsāt (f)	مرساة
het anker lichten	rafaʻ mirsāt	رفع مرساة
het anker neerlaten	rasa	رسا
ankerketting (de)	silsilat mirsāt (f)	سلسلة مرساة
haven (bijv. containerhaven)	mīnā' (m)	ميناء
kaai (de)	marsa (m)	مرسى
aanleggen (ww)	rasa	رسا
wegvaren (ww)	aqlaʻ	أقلع
reis (de)	riḥla (f)	رحلة
cruise (de)	riḥla baḥriyya (f)	رحلة بحرية
koers (de)	masār (m)	مسار
route (de)	ṭarīq (m)	طريق
vaarwater (het)	maʒra milāḥiy (m)	مجرى ملاحيّ
zandbank (de)	miyāh ḍaḥla (f)	مياه ضحلة
stranden (ww)	ʒanaḥ	جنح
storm (de)	'āṣifa (f)	عاصفة
signaal (het)	iʃāra (f)	إشارة
zinken (ov. een boot)	ɣariq	غرق
Man overboord!	saqaṭ raʒul min as safīna!	سقط رجل من السفينة!
SOS (noodsignaal)	nidā' iɣāθa (m)	نداء إغاثة
reddingsboei (de)	ṭawq naʒāt (m)	طوق نجاة

108. Vliegveld

luchthaven (de)	maṭār (m)	مطار
vliegtuig (het)	ṭā'ira (f)	طائرة
luchtvaartmaatschappij (de)	ʃarikat ṭayarān (f)	شركة طيران
luchtverkeersleider (de)	marāqib al ḥaraka al ʒawwiyya (pl)	مراقب الحركة الجويّة
vertrek (het)	muɣādara (f)	مغادرة
aankomst (de)	wuṣūl (m)	وصول
aankomen (per vliegtuig)	waṣal	وصل
vertrektijd (de)	waqt al muɣādara (m)	وقت المغادرة
aankomstuur (het)	waqt al wuṣūl (m)	وقت الوصول
vertraagd zijn (ww)	ta'aχχar	تأخّر
vluchtvertraging (de)	ta'aχχur ar riḥla (m)	تأخّر الرحلة
informatiebord (het)	lawḥat al ma'lūmāt (f)	لوحة المعلومات
informatie (de)	isti'lāmāt (pl)	إستعلامات
aankondigen (ww)	a'lan	أعلن

vlucht (bijv. KLM ~)	riḥla (f)	رحلة
douane (de)	ʒamārik (pl)	جمارك
douanier (de)	muwaẓẓaf al ʒamārik (m)	موظّف الجمارك
douaneaangifte (de)	taṣrīḥ ʒumrukiy (m)	تصريح جمركيّ
invullen (douaneaangifte ~)	mala'	ملأ
een douaneaangifte invullen	mala' at taṣrīḥ	ملأ التصريح
paspoortcontrole (de)	taftīʃ al ʒawāzāt (m)	تفتيش الجوازات
bagage (de)	aʃʃunaṭ (pl)	الشنط
handbagage (de)	ʃunaṭ al yad (pl)	شنط اليد
bagagekarretje (het)	'arabat ʃunaṭ (f)	عربة شنط
landing (de)	hubūṭ (m)	هبوط
landingsbaan (de)	mamarr al hubūṭ (m)	ممرّ الهبوط
landen (ww)	habaṭ	هبط
vliegtuigtrap (de)	sullam aṭ ṭā'ira (m)	سلّم الطائرة
inchecken (het)	tasʒīl (m)	تسجيل
incheckbalie (de)	makān at tasʒīl (m)	مكان التسجيل
inchecken (ww)	saʒʒal	سجّل
instapkaart (de)	biṭāqat ṣu'ūd (f)	بطاقة صعود
gate (de)	bawwābat al muɣādara (f)	بوّابة المغادرة
transit (de)	tranzīt (m)	ترانزيت
wachten (ww)	intaẓar	إنتظر
wachtzaal (de)	qā'at al muɣādara (f)	قاعة المغادرة
begeleiden (uitwuiven)	wadda'	ودّع
afscheid nemen (ww)	wadda'	ودّع

Gebeurtenissen in het leven

109. Vakanties. Evenement

Nederlands	Transliteratie	Arabisch
feest (het)	ʿīd (m)	عيد
nationale feestdag (de)	ʿīd waṭaniy (m)	عيد وطنيّ
feestdag (de)	yawm al ʿuṭla ar rasmiyya (m)	يوم العطلة الرسمية
herdenken (ww)	iḥtafal	إحتفل
gebeurtenis (de)	ḥadaθ (m)	حدث
evenement (het)	munasaba (f)	مناسبة
banket (het)	walīma (f)	وليمة
receptie (de)	ḥaflat istiqbāl (f)	حفلة إستقبال
feestmaal (het)	walīma (f)	وليمة
verjaardag (de)	ðikra sanawiyya (f)	ذكرى سنويّة
jubileum (het)	yubīl (m)	يوبيل
vieren (ww)	iḥtafal	إحتفل
Nieuwjaar (het)	ra's as sana (m)	رأس السنة
Gelukkig Nieuwjaar!	kull sana wa anta ṭayyib!	كلّ سنة وأنت طيّب!
Sinterklaas (de)	baba nuwīl (m)	بابا نويل
Kerstfeest (het)	ʿīd al mīlād (m)	عيد الميلاد
Vrolijk kerstfeest!	ʿīd mīlād saʿīd!	عيد ميلاد سعيد!
kerstboom (de)	ʃaʒarat ra's as sana (f)	شجرة رأس السنة
vuurwerk (het)	alʿāb nāriyya (pl)	ألعاب ناريّة
bruiloft (de)	zifāf (m)	زفاف
bruidegom (de)	ʿarīs (m)	عريس
bruid (de)	ʿarūsa (f)	عروسة
uitnodigen (ww)	daʿa	دعا
uitnodigingskaart (de)	biṭāqat daʿwa (f)	بطاقة دعوة
gast (de)	ḍayf (m)	ضيف
op bezoek gaan	zār	زار
gasten verwelkomen	istaqbal aḍ ḍuyūf	إستقبل الضيوف
geschenk, cadeau (het)	hadiyya (f)	هديّة
geven (iets cadeau ~)	qaddam	قدّم
geschenken ontvangen	istalam al hadāya	إستلم الهدايا
boeket (het)	bāqat zuhūr (f)	باقة زهور
felicitaties (mv.)	tahnīʾa (f)	تهنئة
feliciteren (ww)	hannaʾ	هنّأ
wenskaart (de)	biṭāqat tahnīʾa (f)	بطاقة تهنئة
een kaartje versturen	arsal biṭāqat tahnīʾa	أرسل بطاقة تهنئة
een kaartje ontvangen	istalam biṭāqat tahnīʾa	إستلم بطاقة تهنئة

toast (de)	naxb (m)	نخب
aanbieden (een drankje ~)	ḍayyaf	ضيّف
champagne (de)	ʃambāniya (f)	شمبانيا

plezier hebben (ww)	istamtaʻ	إستمتع
plezier (het)	faraḥ (m)	فرح
vreugde (de)	saʻāda (f)	سعادة

dans (de)	rāqiṣa (f)	رقصة
dansen (ww)	raqaṣ	رقص

wals (de)	vāls (m)	فالس
tango (de)	tāngu (m)	تانجو

110. Begrafenissen. Begrafenis

kerkhof (het)	maqbara (f)	مقبرة
graf (het)	qabr (m)	قبر
kruis (het)	ṣalīb (m)	صليب
grafsteen (de)	ʃāhid al qabr (m)	شاهد القبر
omheining (de)	sūr (m)	سور
kapel (de)	kanīsa ṣayīra (f)	كنيسة صغيرة

dood (de)	mawt (m)	موت
sterven (ww)	māt	مات
overledene (de)	al mutawaffi (m)	المتوفّي
rouw (de)	ḥidād (m)	حداد

begraven (ww)	dafan	دفن
begrafenisonderneming (de)	bayt al ʒanāzāt (m)	بيت الجنازات
begrafenis (de)	ʒanāza (f)	جنازة

krans (de)	iklīl (m)	إكليل
doodskist (de)	tābūt (m)	تابوت
lijkwagen (de)	sayyārat naql al mawta (f)	سيّارة نقل الموتى
lijkkleed (de)	kafan (m)	كفن

begrafenisstoet (de)	ʒanāza (f)	جنازة
urn (de)	qārūra li ḥifẓ ramād al mawta (f)	قارورة لحفظ رماد الموتى
crematorium (het)	maḥraqat ʒuθaθ al mawta (f)	محرقة جثث الموتى

overlijdensbericht (het)	naʻiy (m)	نعيّ
huilen (wenen)	baka	بكى
snikken (huilen)	naḥab	نحب

111. Oorlog. Soldaten

peloton (het)	faṣīla (f)	فصيلة
compagnie (de)	sariyya (f)	سريّة
regiment (het)	fawʒ (m)	فوج
leger (armee)	ʒayʃ (m)	جيش

divisie (de)	firqa (f)	فرقة
sectie (de)	waḥda (f)	وحدة
troep (de)	ʒayʃ (m)	جيش
soldaat (militair)	ʒundiy (m)	جنديّ
officier (de)	ḍābiṭ (m)	ضابط
soldaat (rang)	ʒundiy (m)	جنديّ
sergeant (de)	raqīb (m)	رقيب
luitenant (de)	mulāzim (m)	ملازم
kapitein (de)	naqīb (m)	نقيب
majoor (de)	rā'id (m)	رائد
kolonel (de)	'aqīd (m)	عقيد
generaal (de)	ʒinirāl (m)	جنرال
matroos (de)	baḥḥār (m)	بحّار
kapitein (de)	qubṭān (m)	قبطان
bootsman (de)	ra'īs al baḥḥāra (m)	رئيس البحّارة
artillerist (de)	madfa'iy (m)	مدفعيّ
valschermjager (de)	ʒundiy al maẓallāt (m)	جنديّ المظلّات
piloot (de)	ṭayyār (m)	طيّار
stuurman (de)	mallāḥ (m)	ملّاح
mecanicien (de)	mikanīkiy (m)	ميكانيكيّ
sappeur (de)	muhandis 'askariy (m)	مهندس عسكريّ
parachutist (de)	miẓalliy (m)	مظلّيّ
verkenner (de)	mustakʃif (m)	مستكشف
scherpschutter (de)	qannāṣ (m)	قنّاص
patrouille (de)	dawriyya (f)	دوريّة
patrouilleren (ww)	qām bi dawriyya	قام بدوريّة
wacht (de)	ḥāris (m)	حارس
krijger (de)	muḥārib (m)	محارب
patriot (de)	waṭaniy (m)	وطنيّ
held (de)	baṭal (m)	بطل
heldin (de)	baṭala (f)	بطلة
verrader (de)	χā'in (m)	خائن
verraden (ww)	χān	خان
deserteur (de)	hārib min al ʒayʃ (m)	هارب من الجيش
deserteren (ww)	harab min al ʒayʃ	هرب من الجيش
huurling (de)	ma'ʒūr (m)	مأجور
rekruut (de)	ʒundiy ʒadīd (m)	جنديّ جديد
vrijwilliger (de)	mutaṭawwi' (m)	متطوّع
gedode (de)	qatīl (m)	قتيل
gewonde (de)	ʒarīḥ (m)	جريح
krijgsgevangene (de)	asīr (m)	أسير

112. Oorlog. Militaire acties. Deel 1

oorlog (de)	ḥarb (f)	حرب
oorlog voeren (ww)	ḥārab	حارب

burgeroorlog (de)	ḥarb ahliyya (f)	حرب أهليّة
achterbaks (bw)	ɣadran	غدرًا
oorlogsverklaring (de)	i'lān ḥarb (m)	إعلان حرب
verklaren (de oorlog ~)	a'lan	أعلن
agressie (de)	'udwān (m)	عدوان
aanvallen (binnenvallen)	haʒam	هجم
binnenvallen (ww)	iḥtall	إحتلّ
invaller (de)	muḥtall (m)	محتلّ
veroveraar (de)	fātiḥ (m)	فاتح
verdediging (de)	difā' (m)	دفاع
verdedigen (je land ~)	dāfa'	دافع
zich verdedigen (ww)	dāfa' 'an nafsih	دافع عن نفسه
vijand (de)	'aduww (m)	عدوّ
tegenstander (de)	χaṣm (m)	خصم
vijandelijk (bn)	'aduww	عدوّ
strategie (de)	istratiʒiyya (f)	إستراتيجيّة
tactiek (de)	taktīk (m)	تكتيك
order (de)	amr (m)	أمر
bevel (het)	amr (m)	أمر
bevelen (ww)	amar	أمر
opdracht (de)	muhimma (f)	مهمّة
geheim (bn)	sirriy	سرّيّ
veldslag (de)	ma'raka (f)	معركة
strijd (de)	qitāl (m)	قتال
aanval (de)	huʒūm (m)	هجوم
bestorming (de)	inqiḍāḍ (m)	إنقضاض
bestormen (ww)	inqaḍḍ	إنقضّ
bezetting (de)	ḥiṣār (m)	حصار
aanval (de)	huʒūm (m)	هجوم
in het offensief te gaan	haʒam	هجم
terugtrekking (de)	insiḥāb (m)	إنسحاب
zich terugtrekken (ww)	insaḥab	إنسحب
omsingeling (de)	iḥāṭa (f)	إحاطة
omsingelen (ww)	aḥāṭ	أحاط
bombardement (het)	qaṣf (m)	قصف
een bom gooien	asqaṭ qumbula	أسقط قنبلة
bombarderen (ww)	qaṣaf	قصف
ontploffing (de)	infiʒār (m)	إنفجار
schot (het)	ṭalaqa (f)	طلقة
een schot lossen	aṭlaq an nār	أطلق النار
schieten (het)	iṭlāq an nār (m)	إطلاق النار
mikken op (ww)	ṣawwab	صوّب
aanleggen (een wapen ~)	ṣawwab	صوّب

treffen (doelwit ~)	aṣāb al hadaf	أصاب الهدف
zinken (tot zinken brengen)	aɣraq	أغرق
kogelgat (het)	θuqb (m)	ثقب
zinken (gezonken zijn)	ɣariq	غرق
front (het)	ʒabha (f)	جبهة
evacuatie (de)	iχlā' aṭ ṭawāri' (m)	إخلاء الطوارئ
evacueren (ww)	aχla	أخلى
loopgraaf (de)	χandaq (m)	خندق
prikkeldraad (de)	aslāk ʃā'ika (pl)	أسلاك شائكة
verdedigingsobstakel (het)	ḥāʒiz (m)	حاجز
wachttoren (de)	burʒ muraqaba (m)	برج مراقبة
hospitaal (het)	mustaʃfa 'askariy (m)	مستشفى عسكريّ
verwonden (ww)	ʒaraḥ	جرح
wond (de)	ʒurḥ (m)	جرح
gewonde (de)	ʒarīḥ (m)	جريح
gewond raken (ww)	uṣīb bil ʒirāḥ	أصيب بالجراح
ernstig (~e wond)	χaṭīr	خطير

113. Oorlog. Militaire acties. Deel 2

krijgsgevangenschap (de)	asr (m)	أسر
krijgsgevangen nemen	asar	أسر
krijgsgevangene zijn	kān asīran	كان أسيرًا
krijgsgevangen genomen worden	waqa' fil asr	وقع في الأسر
concentratiekamp (het)	mu'askar i'tiqāl (m)	معسكر إعتقال
krijgsgevangene (de)	asīr (m)	أسير
vluchten (ww)	harab	هرب
verraden (ww)	χān	خان
verrader (de)	χā'in (m)	خائن
verraad (het)	χiyāna (f)	خيانة
fusilleren (executeren)	a'dam ramyan bir raṣāṣ	أعدم رميًا بالرصاص
executie (de)	i'dām ramyan bir raṣāṣ (m)	إعدام رميًا بالرصاص
uitrusting (de)	al 'itād al 'askariy (m)	العتاد العسكريّ
schouderstuk (het)	katāfa (f)	كتّافة
gasmasker (het)	qinā' al ɣāz (m)	قناع الغاز
portofoon (de)	ʒihāz lāsilkiy (m)	جهاز لاسلكيّ
geheime code (de)	ʃifra (f)	شفرة
samenzwering (de)	sirriyya (f)	سرّيّة
wachtwoord (het)	kalimat al murūr (f)	كلمة مرور
mijn (landmijn)	laɣm (m)	لغم
ondermijnen (legden mijnen)	laɣɣam	لغّم
mijnenveld (het)	ḥaql alɣām (m)	حقل ألغام
luchtalarm (het)	inðār ʒawwiy (m)	إنذار جوّيّ
alarm (het)	inðār (m)	إنذار

signaal (het)	iʃāra (f)	إشارة
vuurpijl (de)	iʃāra muḍīʿa (f)	إشارة مضيئة
staf (generale ~)	maqarr (m)	مقرّ
verkenning (de)	kaʃʃāfat al istiṭlāʿ (f)	كشّافة الإستطلاع
toestand (de)	waḍʿ (m)	وضع
rapport (het)	taqrīr (m)	تقرير
hinderlaag (de)	kamīn (m)	كمين
versterking (de)	imdādāt ʿaskariyya (pl)	إمدادات عسكريّة
doel (bewegend ~)	hadaf (m)	هدف
proefterrein (het)	ḥaql taʒārib (m)	حقل تجارب
manoeuvres (mv.)	munāwarāt ʿaskariyya (pl)	مناورات عسكريّة
paniek (de)	ðuʿr (m)	ذعر
verwoesting (de)	damār (m)	دمار
verwoestingen (mv.)	ḥiṭām (pl)	حطام
verwoesten (ww)	dammar	دمّر
overleven (ww)	naʒa	نجا
ontwapenen (ww)	ʒarrad min as silāḥ	جرّد من السلاح
behandelen (een pistool ~)	istaʿmal	إستعمل
Geeft acht!	intibāh!	إنتباه!
Op de plaats rust!	istariḥ!	إسترح!
heldendaad (de)	maʾθara (f)	مأثرة
eed (de)	qasam (m)	قسم
zweren (een eed doen)	aqsam	أقسم
decoratie (de)	wisām (m)	وسام
onderscheiden (een ereteken geven)	manaḥ	منح
medaille (de)	midāliyya (f)	ميداليّة
orde (de)	wisām ʿaskariy (m)	وسام عسكريّ
overwinning (de)	intiṣār - fawz (m)	إنتصار, فوز
verlies (het)	hazīma (f)	هزيمة
wapenstilstand (de)	hudna (f)	هدنة
wimpel (vaandel)	rāyat al maʿraka (f)	راية المعركة
roem (de)	maʒd (m)	مجد
parade (de)	istiʿrāḍ ʿaskariy (m)	إستعراض عسكريّ
marcheren (ww)	sār	سار

114. Wapens

wapens (mv.)	asliḥa (pl)	أسلحة
vuurwapens (mv.)	asliḥa nāriyya (pl)	أسلحة ناريّة
koude wapens (mv.)	asliḥa bayḍāʾ (pl)	أسلحة بيضاء
chemische wapens (mv.)	asliḥa kīmyāʾiyya (pl)	أسلحة كيميائيّة
kern-, nucleair (bn)	nawawiy	نوويّ
kernwapens (mv.)	asliḥa nawawiyya (pl)	أسلحة نوويّة

bom (de)	qumbula (f)	قنبلة
atoombom (de)	qumbula nawawiyya (f)	قنبلة نوويّة
pistool (het)	musaddas (m)	مسدّس
geweer (het)	bunduqiyya (f)	بندقيّة
machinepistool (het)	bunduqiyya huʒūmiyya (f)	بندقيّة هجوميّة
machinegeweer (het)	raʃʃāʃ (m)	رشّاش
loop (schietbuis)	fūha (f)	فوهة
loop (bijv. geweer met kortere ~)	sabṭāna (f)	سبطانة
kaliber (het)	ʻiyār (m)	عيار
trekker (de)	zinād (m)	زناد
korrel (de)	muṣawwib (m)	مصوّب
magazijn (het)	maxzan (m)	مخزن
geweerkolf (de)	ʻaqab al bunduqiyya (m)	عقب البندقيّة
granaat (handgranaat)	qumbula yadawiyya (f)	قنبلة يدويّة
explosieven (mv.)	mawādd mutafaʒʒira (pl)	موادّ متفجّرة
kogel (de)	ruṣāṣa (f)	رصاصة
patroon (de)	xarṭūʃa (f)	خرطوشة
lading (de)	haʃwa (f)	حشوة
ammunitie (de)	ðaxā'ir (pl)	ذخائر
bommenwerper (de)	qāðifat qanābil (f)	قاذفة قنابل
straaljager (de)	ṭā'ira muqātila (f)	طائرة مقاتلة
helikopter (de)	hiliukūbtir (m)	هليكوبتر
afweergeschut (het)	madfaθ muḍādd liṭ ṭa'irāṭ (m)	مدفع مضادّ للطائرات
tank (de)	dabbāba (f)	دبّابة
kanon (tank met een ~ van 76 mm)	madfaʻ ad dabbāba (m)	مدفع الدبّابة
artillerie (de)	madfaʻiyya (f)	مدفعيّة
kanon (het)	madfaʻ (m)	مدفع
aanleggen (een wapen ~)	ṣawwab	صوّب
projectiel (het)	qaðīfa (f)	قذيفة
mortiergranaat (de)	qumbula hāwun (f)	قنبلة هاون
mortier (de)	hāwun (m)	هاون
granaatscherf (de)	ʃaẓiyya (f)	شظيّة
duikboot (de)	ɣawwāṣa (f)	غوّاصة
torpedo (de)	ṭurbīd (m)	طربيد
raket (de)	ṣārūx (m)	صاروخ
laden (geweer, kanon)	haʃa	حشا
schieten (ww)	aṭlaq an nār	أطلق النار
richten op (mikken)	ṣawwab	صوّب
bajonet (de)	harba (f)	حربة
degen (de)	ʃīʃ (m)	شيش
sabel (de)	sayf munhani (m)	سيف منحن
speer (de)	rumh (m)	رمح

boog (de)	qaws (m)	قوس
pijl (de)	sahm (m)	سهم
musket (de)	muskīt (m)	مسكيت
kruisboog (de)	qaws musta'raḍ (m)	قوس مستعرض

115. Oude mensen

primitief (bn)	bidā'iy	بدائيّ
voorhistorisch (bn)	ma qabl at tarīx	ما قبل التاريخ
eeuwenoude (~ beschaving)	qadīm	قديم
Steentijd (de)	al 'aṣr al ḥaʒariy (m)	العصر الحجريّ
Bronstijd (de)	al 'aṣr al brunziy (m)	العصر البرونزيّ
IJstijd (de)	al 'aṣr al ʒalīdiy (m)	العصر الجليديّ
stam (de)	qabīla (f)	قبيلة
menseneter (de)	'ākil laḥm al baʃar (m)	آكل لحم البشر
jager (de)	ṣayyād (m)	صيّاد
jagen (ww)	iṣṭād	إصطاد
mammoet (de)	mamūθ (m)	ماموث
grot (de)	kahf (m)	كهف
vuur (het)	nār (f)	نار
kampvuur (het)	nār muxayyam (m)	نار مخيّم
rotstekening (de)	rasm fil kahf (m)	رسم في الكهف
werkinstrument (het)	adāt (f)	أداة
speer (de)	rumḥ (m)	رمح
stenen bijl (de)	fa's ḥaʒariy (m)	فأس حجريّ
oorlog voeren (ww)	ḥārab	حارب
temmen (bijv. wolf ~)	daʒʒan	دجّن
idool (het)	ṣanam (m)	صنم
aanbidden (ww)	'abad	عبد
bijgeloof (het)	xurāfa (f)	خرافة
ritueel (het)	mansak (m)	منسك
evolutie (de)	taṭawwur (m)	تطوّر
ontwikkeling (de)	numuww (m)	نموّ
verdwijning (de)	ixtifā' (m)	إختفاء
zich aanpassen (ww)	takayyaf	تكيّف
archeologie (de)	'ilm al 'āθār (m)	علم الآثار
archeoloog (de)	'ālim 'āθār (m)	عالم آثار
archeologisch (bn)	aθariy	أثريّ
opgravingsplaats (de)	mawqi' ḥafr (m)	موقع حفر
opgravingen (mv.)	tanqīb (m)	تنقيب
vondst (de)	iktiʃāf (m)	إكتشاف
fragment (het)	qiṭ'a (f)	قطعة

116. Middeleeuwen

volk (het)	ʃaʻb (m)	شعب
volkeren (mv.)	ʃuʻūb (pl)	شعوب
stam (de)	qabīla (f)	قبيلة
stammen (mv.)	qabāʼil (pl)	قبائل
barbaren (mv.)	al barābira (pl)	البرابرة
Galliërs (mv.)	al ɣalyūn (pl)	الغاليون
Goten (mv.)	al qūṭiyyūn (pl)	القوطيون
Slaven (mv.)	as silāf (pl)	السلاف
Vikings (mv.)	al vaykinɣ (pl)	الفايكينغ
Romeinen (mv.)	ar rūmān (pl)	الرومان
Romeins (bn)	rumāniy	روماني
Byzantijnen (mv.)	bizanṭiyyūn (pl)	بيزنطيّون
Byzantium (het)	bīzanṭa (f)	بيزنطة
Byzantijns (bn)	bizanṭiy	بيزنطي
keizer (bijv. Romeinse ~)	imbiraṭūr (m)	إمبراطور
opperhoofd (het)	zaʻīm (m)	زعيم
machtig (bn)	qawiy	قوي
koning (de)	malik (m)	ملك
heerser (de)	ḥākim (m)	حاكم
ridder (de)	fāris (m)	فارس
feodaal (de)	iqṭāʻiy (m)	إقطاعي
feodaal (bn)	iqṭāʻiy	إقطاعي
vazal (de)	muqṭaʻ (m)	مقطع
hertog (de)	dūq (m)	دوق
graaf (de)	īrl (m)	إيرل
baron (de)	barūn (m)	بارون
bisschop (de)	usquf (m)	أسقف
harnas (het)	dirʻ (m)	درع
schild (het)	turs (m)	ترس
zwaard (het)	sayf (m)	سيف
vizier (het)	ḥāffa amāmiyya lil xūḏa (f)	حافة أماميّة للخوذة
maliënkolder (de)	dirʻ az zarad (m)	درع الزرد
kruistocht (de)	ḥamla ṣalībiyya (f)	حملة صليبيّة
kruisvaarder (de)	ṣalībiy (m)	صليبي
gebied (bijv. bezette ~en)	arḍ (f)	أرض
aanvallen (binnenvallen)	haǧam	هجم
veroveren (ww)	fataḥ	فتح
innemen (binnenvallen)	iḥtall	إحتلّ
bezetting (de)	ḥiṣār (m)	حصار
belegerd (bn)	muḥāṣar	محاصر
belegeren (ww)	ḥāṣar	حاصر
inquisitie (de)	maḥākim at taftīʃ (pl)	محاكم التفتيش
inquisiteur (de)	mufattiʃ (m)	مفتّش

foltering (de)	ta'ðīb (m)	تعذيب
wreed (bn)	qās	قاس
ketter (de)	hartūqiy (m)	هرطوقيّ
ketterij (de)	hartaqa (f)	هرطقة
zeevaart (de)	as safar bil bahr (m)	السفر بالبحر
piraat (de)	qurṣān (m)	قرصان
piraterij (de)	qarṣana (f)	قرصنة
enteren (het)	muhāʒmat safīna (f)	مهاجمة سفينة
buit (de)	ɣanīma (f)	غنيمة
schatten (mv.)	kunūz (pl)	كنوز
ontdekking (de)	iktiʃāf (m)	إكتشاف
ontdekken (bijv. nieuw land)	iktaʃaf	إكتشف
expeditie (de)	ba'θa (f)	بعثة
musketier (de)	fāris (m)	فارس
kardinaal (de)	kardināl (m)	كاردينال
heraldiek (de)	ʃi'ārāt an nabāla (pl)	شعارات النبالة
heraldisch (bn)	χāṣṣ bi ʃi'ārāt an nabāla	خاصّ بشعارات النبالة

117. Leider. Baas. Autoriteiten

koning (de)	malik (m)	ملك
koningin (de)	malika (f)	ملكة
koninklijk (bn)	malakiy	ملكيّ
koninkrijk (het)	mamlaka (f)	مملكة
prins (de)	amīr (m)	أمير
prinses (de)	amīra (f)	أميرة
president (de)	ra'īs (m)	رئيس
vicepresident (de)	nā'ib ar ra'īs (m)	نائب الرئيس
senator (de)	'uḍw maʒlis aʃ ʃuyūχ (m)	عضو مجلس الشيوخ
monarch (de)	'āhil (m)	عاهل
heerser (de)	ḥākim (m)	حاكم
dictator (de)	diktatūr (m)	ديكتاتور
tiran (de)	tāɣiya (f)	طاغية
magnaat (de)	ra'smāliy kabīr (m)	رأسمالي كبير
directeur (de)	mudīr (m)	مدير
chef (de)	ra'īs (m)	رئيس
beheerder (de)	mudīr (m)	مدير
baas (de)	ra'īs (m), mudīr (m)	رئيس, مدير
eigenaar (de)	ṣāḥib (m)	صاحب
leider (de)	za'īm (m)	زعيم
hoofd (bijv. ~ van de delegatie)	ra'īs (m)	رئيس
autoriteiten (mv.)	sulutāt (pl)	سلطات
superieuren (mv.)	ru'asā' (pl)	رؤساء
gouverneur (de)	muḥāfiẓ (m)	محافظ
consul (de)	qunṣul (m)	قنصل

diplomaat (de)	diblumāsiy (m)	دبلوماسيّ
burgemeester (de)	raīs al baladiyya (m)	رئيس البلديّة
sheriff (de)	ʃarīf (m)	شريف
keizer (bijv. Romeinse ~)	imbiraṭūr (m)	إمبراطور
tsaar (de)	qayṣar (m)	قيصر
farao (de)	firʻawn (m)	فرعون
kan (de)	χān (m)	خان

118. De wet overtreden. Criminelen. Deel 1

bandiet (de)	qāṭiʻ ṭarīq (m)	قاطع طريق
misdaad (de)	ʒarīma (f)	جريمة
misdadiger (de)	muʒrim (m)	مجرم
dief (de)	sāriq (m)	سارق
stelen (ww)	saraq	سرق
stelen, diefstal (de)	sirqa (f)	سرقة
kidnappen (ww)	χaṭaf	خطف
kidnapping (de)	χaṭf (m)	خطف
kidnapper (de)	χāṭif (m)	خاطف
losgeld (het)	fidya (f)	فدية
eisen losgeld (ww)	ṭalab fidya	طلب فدية
overvallen (ww)	nahab	نهب
overval (de)	nahb (m)	نهب
overvaller (de)	nahhāb (m)	نهّاب
afpersen (ww)	balṭaʒ	بلطج
afperser (de)	balṭaʒiy (m)	بلطجيّ
afpersing (de)	balṭaʒa (f)	بلطجة
vermoorden (ww)	qatal	قتل
moord (de)	qatl (m)	قتل
moordenaar (de)	qātil (m)	قاتل
schot (het)	ṭalaqat nār (f)	طلقة نار
een schot lossen	aṭlaq an nār	أطلق النار
neerschieten (ww)	qatal bir ruṣāṣ	قتل بالرصاص
schieten (ww)	aṭlaq an nār	أطلق النار
schieten (het)	iṭlāq an nār (m)	إطلاق النار
ongeluk (gevecht, enz.)	ḥādiθ (m)	حادث
gevecht (het)	ʻirāk (m)	عراك
Help!	sāʻidni	ساعدني!
slachtoffer (het)	ḍaḥiyya (f)	ضحيّة
beschadigen (ww)	atlaf	أتلف
schade (de)	χasāra (f)	خسارة
lijk (het)	ʒuθθa (f)	جثّة
zwaar (~ misdrijf)	ʻanīf	عنيف
aanvallen (ww)	haʒam	هجم

slaan (iemand ~)	ḍarab	ضرب
in elkaar slaan (toetakelen)	ḍarab	ضرب
ontnemen (beroven)	salab	سلب
steken (met een mes)	ṭaʿan ḥatta al mawt	طعن حتّى الموت
verminken (ww)	ʃawwah	شوّه
verwonden (ww)	ʒaraḥ	جرح
chantage (de)	balṭaʒa (f)	بلطجة
chanteren (ww)	ibtazz	إبتزّ
chanteur (de)	mubtazz (m)	مبتزّ
afpersing (de)	naṣb (m)	نصب
afperser (de)	naṣṣāb (m)	نصّاب
gangster (de)	raʒul ʿiṣāba (m)	رجل عصابة
maffia (de)	māfia (f)	مافيا
kruimeldief (de)	naʃʃāl (m)	نشّال
inbreker (de)	liṣṣ buyūt (m)	لصّ بيوت
smokkelen (het)	tahrīb (m)	تهريب
smokkelaar (de)	muharrib (m)	مهرّب
namaak (de)	tazwīr (m)	تزوير
namaken (ww)	zawwar	زوّر
namaak-, vals (bn)	muzawwar	مزوّر

119. De wet overtreden. Criminelen. Deel 2

verkrachting (de)	iɣtiṣāb (m)	إغتصاب
verkrachten (ww)	iɣtaṣab	إغتصب
verkrachter (de)	muɣtaṣib (m)	مغتصب
maniak (de)	mahwūs (m)	مهووس
prostituee (de)	ʿāhira (f)	عاهرة
prostitutie (de)	daʿāra (f)	دعارة
pooier (de)	qawwād (m)	قوّاد
drugsverslaafde (de)	mudmin muxaddirāt (m)	مدمن مخدّرات
drugshandelaar (de)	tāʒir muxaddirāt (m)	تاجر مخدّرات
opblazen (ww)	faʒʒar	فجّر
explosie (de)	infiʒār (m)	إنفجار
in brand steken (ww)	aʃʿal an nār	أشعل النار
brandstichter (de)	muʃʿil ḥarīq (m)	مشعل حريق
terrorisme (het)	irhāb (m)	إرهاب
terrorist (de)	irhābiy (m)	إرهابيّ
gijzelaar (de)	rahīna (m)	رهينة
bedriegen (ww)	iḥtāl	إحتال
bedrog (het)	iḥtiyāl (m)	إحتيال
oplichter (de)	muḥtāl (m)	محتال
omkopen (ww)	raʃa	رشا
omkoperij (de)	irtiʃāʾ (m)	إرتشاء

smeergeld (het)	raʃwa (f)	رشوة
vergif (het)	samm (m)	سمّ
vergiftigen (ww)	sammam	سمّم
vergif innemen (ww)	sammam nafsahu	سمّم نفسه
zelfmoord (de)	intiḥār (m)	إنتحار
zelfmoordenaar (de)	muntaḥir (m)	منتحر
bedreigen (bijv. met een pistool)	haddad	هدّد
bedreiging (de)	tahdīd (m)	تهديد
een aanslag plegen	ḥāwal iɣtiyāl	حاول الإغتيال
aanslag (de)	muḥāwalat iɣtiyāl (f)	محاولة إغتيال
stelen (een auto)	saraq	سرق
kapen (een vliegtuig)	iχtaṭaf	إختطف
wraak (de)	intiqām (m)	إنتقام
wreken (ww)	intaqam	إنتقم
martelen (gevangenen)	ʻaððab	عذّب
foltering (de)	taʻðīb (m)	تعذيب
folteren (ww)	ʻaððab	عذّب
piraat (de)	qurṣān (m)	قرصان
straatschender (de)	wabaʃ (m)	وبش
gewapend (bn)	musallaḥ	مسلّح
geweld (het)	ʻunf (m)	عنف
onwettig (strafbaar)	ɣayr qānūniy	غير قانونيّ
spionage (de)	taʒassas (m)	تجسّس
spioneren (ww)	taʒassas	تجسّس

120. Politie. Wet. Deel 1

justitie (de)	qaḍāʼ (m)	قضاء
gerechtshof (het)	maḥkama (f)	محكمة
rechter (de)	qāḍi (m)	قاض
jury (de)	muḥallafūn (pl)	محلّفون
juryrechtspraak (de)	qaḍāʼ al muḥallafīn (m)	قضاء المحلّفين
berechten (ww)	ḥakam	حكم
advocaat (de)	muḥāmi (m)	محام
beklaagde (de)	muddaʻa ʻalayh (m)	مدّعى عليه
beklaagdenbank (de)	qafṣ al ittihām (m)	قفص الإتهام
beschuldiging (de)	ittihām (m)	إتهام
beschuldigde (de)	muttaham (m)	متّهم
vonnis (het)	ḥukm (m)	حكم
veroordelen (in een rechtszaak)	ḥakam	حكم
schuldige (de)	muðnib (m)	مذنب

Nederlands	Transliteratie	Arabisch
straffen (ww)	'āqab	عاقب
bestraffing (de)	'uqūba (f), 'iqāb (m)	عقوبة, عقاب
boete (de)	ɣarāma (f)	غرامة
levenslange opsluiting (de)	siʒn mada al ḥayāt (m)	سجن مدى الحياة
doodstraf (de)	'uqūbat 'i'dām (f)	عقوبة إعدام
elektrische stoel (de)	kursiy kaharabā'iy (m)	كرسيّ كهربائيّ
schavot (het)	maʃnaqa (f)	مشنقة
executeren (ww)	a'dam	أعدم
executie (de)	i'dām (m)	إعدام
gevangenis (de)	siʒn (m)	سجن
cel (de)	zinzāna (f)	زنزانة
konvooi (het)	ḥirāsa (f)	حراسة
gevangenisbewaker (de)	ḥāris siʒn (m)	حارس سجن
gedetineerde (de)	saʒīn (m)	سجين
handboeien (mv.)	aṣfād (pl)	أصفاد
handboeien omdoen	ṣaffad	صفّد
ontsnapping (de)	hurūb min as siʒn (m)	هروب من السجن
ontsnappen (ww)	harab	هرب
verdwijnen (ww)	ixtafa	إختفى
vrijlaten (uit de gevangenis)	aχla sabīl	أخلى سبيل
amnestie (de)	'afw 'āmm (m)	عفو عامّ
politie (de)	ʃurṭa (f)	شرطة
politieagent (de)	ʃurṭiy (m)	شرطيّ
politiebureau (het)	qism ʃurṭa (m)	قسم شرطة
knuppel (de)	hirāwat aʃʃurṭiy (f)	هراوة الشرطيّ
megafoon (de)	būq (m)	بوق
patrouilleerwagen (de)	sayyārat dawriyyāt (f)	سيّارة دوريّات
sirene (de)	ṣaffārat inðār (f)	صفّارة إنذار
de sirene aansteken	aṭlaq sirīna	أطلق سرينة
geloei (het) van de sirene	ṣawt sirīna (m)	صوت سرينة
plaats delict (de)	masraḥ al ʒarīma (m)	مسرح الجريمة
getuige (de)	ʃāhid (m)	شاهد
vrijheid (de)	ḥurriyya (f)	حرّيّة
handlanger (de)	ʃarīk fil ʒarīma (m)	شريك في الجريمة
ontvluchten (ww)	harab	هرب
spoor (het)	aθar (m)	أثر

121. Politie. Wet. Deel 2

Nederlands	Transliteratie	Arabisch
opsporing (de)	baḥθ (m)	بحث
opsporen (ww)	baḥaθ	بحث
verdenking (de)	ʃubha (f)	شبهة
verdacht (bn)	maʃbūh	مشبوه
aanhouden (stoppen)	awqaf	أوقف
tegenhouden (ww)	i'taqal	إعتقل

strafzaak (de)	qaḍiyya (f)	قضيّة
onderzoek (het)	taḥqīq (m)	تحقيق
detective (de)	muḥaqqiq (m)	محقّق
onderzoeksrechter (de)	mufattiʃ (m)	مفتّش
versie (de)	riwāya (f)	رواية
motief (het)	dāfiʻ (m)	دافع
verhoor (het)	istiʒwāb (m)	إستجواب
ondervragen (door de politie)	istaʒwab	إستجوب
ondervragen (omstanders ~)	istanṭaq	إستنطق
controle (de)	faḥṣ (m)	فحص
razzia (de)	ʒamʻ (m)	جمع
huiszoeking (de)	taftīʃ (m)	تفتيش
achtervolging (de)	muṭārada (f)	مطاردة
achtervolgen (ww)	ṭārad	طارد
opsporen (ww)	tābaʻ	تابع
arrest (het)	iʻtiqāl (m)	إعتقال
arresteren (ww)	iʻtaqal	إعتقل
vangen, aanhouden (een dief, enz.)	qabaḍ	قبض
aanhouding (de)	qabḍ (m)	قبض
document (het)	waθīqa (f)	وثيقة
bewijs (het)	dalīl (m)	دليل
bewijzen (ww)	aθbat	أثبت
voetspoor (het)	baṣma (f)	بصمة
vingerafdrukken (mv.)	baṣamāt al aṣābiʻ (pl)	بصمات الأصابع
bewijs (het)	dalīl (m)	دليل
alibi (het)	dafʻ bil ɣayba (f)	دفع بالغيبة
onschuldig (bn)	barīʼ	بريء
onrecht (het)	ẓulm (m)	ظلم
onrechtvaardig (bn)	ɣayr ʻādil	غير عادل
crimineel (bn)	iʒrāmiy	إجراميّ
confisqueren (in beslag nemen)	ṣādar	صادر
drug (de)	muxaddirāt (pl)	مخدّرات
wapen (het)	silāḥ (m)	سلاح
ontwapenen (ww)	ʒarrad min as silāḥ	جرّد من السلاح
bevelen (ww)	amar	أمر
verdwijnen (ww)	ixtafa	إختفى
wet (de)	qānūn (m)	قانون
wettelijk (bn)	qānūniy, ʃarʻiy	قانونيّ، شرعيّ
onwettelijk (bn)	ɣayr qanūny, ɣayr ʃarʻi	غير قانونيّ، غير شرعيّ
verantwoordelijkheid (de)	masʼūliyya (f)	مسؤوليّة
verantwoordelijk (bn)	masʼūl (m)	مسؤول

NATUUR

De Aarde. Deel 1

122. De kosmische ruimte

Nederlands	Transliteratie	Arabisch
kosmos (de)	faḍā' (m)	فضاء
kosmisch (bn)	faḍā'iy	فضائيّ
kosmische ruimte (de)	faḍā' (m)	فضاء
wereld (de)	'ālam (m)	عالم
heelal (het)	al kawn (m)	الكون
sterrenstelsel (het)	al maʒarra (f)	المجرّة
ster (de)	naʒm (m)	نجم
sterrenbeeld (het)	burʒ (m)	برج
planeet (de)	kawkab (m)	كوكب
satelliet (de)	qamar ṣinā'iy (m)	قمر صناعيّ
meteoriet (de)	haʒar nayzakiy (m)	حجر نيزكيّ
komeet (de)	muðannab (m)	مذنّب
asteroïde (de)	kuwaykib (m)	كويكب
baan (de)	madār (m)	مدار
draaien (om de zon, enz.)	dār	دار
atmosfeer (de)	al ɣilāf al ʒawwiy (m)	الغلاف الجوّيّ
Zon (de)	aʃ ʃams (f)	الشمس
zonnestelsel (het)	al maʒmū'a aʃ ʃamsiyya (f)	المجموعة الشمسيّة
zonsverduistering (de)	kusūf aʃ ʃams (m)	كسوف الشمس
Aarde (de)	al arḍ (f)	الأرض
Maan (de)	al qamar (m)	القمر
Mars (de)	al mirrīx (m)	المرّيخ
Venus (de)	az zahra (f)	الزهرة
Jupiter (de)	al muʃtari (m)	المشتري
Saturnus (de)	zuḥal (m)	زحل
Mercurius (de)	'aṭārid (m)	عطارد
Uranus (de)	urānus (m)	اورانوس
Neptunus (de)	nibtūn (m)	نبتون
Pluto (de)	blūtu (m)	بلوتو
Melkweg (de)	darb at tabbāna (m)	درب التبّانة
Grote Beer (de)	ad dubb al akbar (m)	الدبّ الأكبر
Poolster (de)	naʒm al 'quṭb (m)	نجم القطب
marsmannetje (het)	sākin al mirrīx (m)	ساكن المرّيخ
buitenaards wezen (het)	faḍā'iy (m)	فضائيّ

bovenaards (het)	faḍā'iy (m)	فضائيّ
vliegende schotel (de)	ṭabaq ṭā'ir (m)	طبق طائر
ruimtevaartuig (het)	markaba faḍā'iyya (f)	مركبة فضائيّة
ruimtestation (het)	maḥaṭṭat faḍā' (f)	محطّة فضاء
start (de)	inṭilāq (m)	إنطلاق
motor (de)	mutūr (m)	موتور
straalpijp (de)	manfaθ (m)	منفث
brandstof (de)	wuqūd (m)	وقود
cabine (de)	kabīna (f)	كابينة
antenne (de)	hawā'iy (m)	هوائيّ
patrijspoort (de)	kuwwa mustadīra (f)	كوّة مستديرة
zonnebatterij (de)	lawḥ ʃamsiy (m)	لوح شمسيّ
ruimtepak (het)	baðlat al faḍā' (f)	بذلة الفضاء
gewichtloosheid (de)	in'idām al wazn (m)	إنعدام الوزن
zuurstof (de)	uksiʒīn (m)	أكسجين
koppeling (de)	rasw (m)	رسو
koppeling maken	rasa	رسا
observatorium (het)	marṣad (m)	مرصد
telescoop (de)	tiliskūp (m)	تلسكوب
waarnemen (ww)	rāqab	راقب
exploreren (ww)	istakʃaf	إستكشف

123. De Aarde

Aarde (de)	al arḍ (f)	الأرض
aardbol (de)	al kura al arḍiyya (f)	الكرة الأرضيّة
planeet (de)	kawkab (m)	كوكب
atmosfeer (de)	al ɣilāf al ʒawwiy (m)	الغلاف الجوّيّ
aardrijkskunde (de)	ʒuɣrāfiya (f)	جغرافيا
natuur (de)	ṭabī'a (f)	طبيعة
wereldbol (de)	namūðaʒ lil kura al arḍiyya (m)	نموذج للكرة الأرضيّة
kaart (de)	xarīṭa (f)	خريطة
atlas (de)	aṭlas (m)	أطلس
Europa (het)	urūbba (f)	أوروبّا
Azië (het)	'āsiya (f)	آسيا
Afrika (het)	afrīqiya (f)	أفريقيا
Australië (het)	usturāliya (f)	أستراليا
Amerika (het)	amrīka (f)	أمريكا
Noord-Amerika (het)	amrīka aʃ ʃimāliyya (f)	أمريكا الشماليّة
Zuid-Amerika (het)	amrīka al ʒanūbiyya (f)	أمريكا الجنوبيّة
Antarctica (het)	al quṭb al ʒanūbiy (m)	القطب الجنوبيّ
Arctis (de)	al quṭb aʃ ʃimāliy (m)	القطب الشماليّ

124. Windrichtingen

noorden (het)	ʃimāl (m)	شمال
naar het noorden	ilaʃ ʃimāl	إلى الشمال
in het noorden	fiʃ ʃimāl	في الشمال
noordelijk (bn)	ʃimāliy	شماليّ
zuiden (het)	ʒanūb (m)	جنوب
naar het zuiden	ilal ʒanūb	إلى الجنوب
in het zuiden	fil ʒanūb	في الجنوب
zuidelijk (bn)	ʒanūbiy	جنوبيّ
westen (het)	ɣarb (m)	غرب
naar het westen	ilal ɣarb	إلى الغرب
in het westen	fil ɣarb	في الغرب
westelijk (bn)	ɣarbiy	غربيّ
oosten (het)	ʃarq (m)	شرق
naar het oosten	ilaʃ ʃarq	إلى الشرق
in het oosten	fiʃ ʃarq	في الشرق
oostelijk (bn)	ʃarqiy	شرقيّ

125. Zee. Oceaan

zee (de)	baḥr (m)	بحر
oceaan (de)	muḥīṭ (m)	محيط
golf (baai)	xalīʒ (m)	خليج
straat (de)	maḍīq (m)	مضيق
grond (vaste grond)	barr (m)	برّ
continent (het)	qārra (f)	قارّة
eiland (het)	ʒazīra (f)	جزيرة
schiereiland (het)	ʃibh ʒazīra (f)	شبه جزيرة
archipel (de)	maʒmūʿat ʒuzur (f)	مجموعة جزر
baai, bocht (de)	xalīʒ (m)	خليج
haven (de)	mīnā' (m)	ميناء
lagune (de)	buḥayra ʃāṭi'a (f)	بحيرة شاطئة
kaap (de)	ra's (m)	رأس
atol (de)	ʒazīra marʒāniyya istiwā'iyya (f)	جزيرة مرجانيّة إستوائيّة
rif (het)	ʃiʿāb (pl)	شعاب
koraal (het)	murʒān (m)	مرجان
koraalrif (het)	ʃiʿāb marʒāniyya (pl)	شعاب مرجانيّة
diep (bn)	ʿamīq	عميق
diepte (de)	ʿumq (m)	عمق
diepzee (de)	mahwāt (f)	مهواة
trog (bijv. Marianentrog)	xandaq (m)	خندق
stroming (de)	tayyār (m)	تيّار
omspoelen (ww)	aḥāṭ	أحاط

oever (de)	sāḥil (m)	ساحل
kust (de)	sāḥil (m)	ساحل
vloed (de)	madd (m)	مدّ
eb (de)	ʒazr (m)	جزر
ondiepte (ondiep water)	miyāh ḍaḥla (f)	مياه ضحلة
bodem (de)	qāʿ (m)	قاع
golf (hoge ~)	mawʒa (f)	موجة
golfkam (de)	qimmat mawʒa (f)	قمّة موجة
schuim (het)	zabad al baḥr (m)	زبد البحر
storm (de)	ʿāṣifa (f)	عاصفة
orkaan (de)	iʿṣār (m)	إعصار
tsunami (de)	tsunāmi (m)	تسونامي
windstilte (de)	hudūʾ (m)	هدوء
kalm (bijv. ~e zee)	hādiʾ	هادئ
pool (de)	quṭb (m)	قطب
polair (bn)	quṭby	قطبيّ
breedtegraad (de)	ʿarḍ (m)	عرض
lengtegraad (de)	ṭūl (m)	طول
parallel (de)	mutawāzi (m)	متواز
evenaar (de)	xaṭṭ al istiwāʾ (m)	خط الإستواء
hemel (de)	samāʾ (f)	سماء
horizon (de)	ufuq (m)	أفق
lucht (de)	hawāʾ (m)	هواء
vuurtoren (de)	manāra (f)	منارة
duiken (ww)	ɣāṣ	غاص
zinken (ov. een boot)	ɣariq	غرق
schatten (mv.)	kunūz (pl)	كنوز

126. Namen van zeeën en oceanen

Atlantische Oceaan (de)	al muḥīṭ al aṭlasiy (m)	المحيط الأطلسيّ
Indische Oceaan (de)	al muḥīṭ al hindiy (m)	المحيط الهنديّ
Stille Oceaan (de)	al muḥīṭ al hādiʾ (m)	المحيط الهادئ
Noordelijke IJszee (de)	al muḥīṭ il mutaʒammid aʃ ʃimāliy (m)	المحيط المتجمّد الشماليّ
Zwarte Zee (de)	al baḥr al aswad (m)	البحر الأسود
Rode Zee (de)	al baḥr al aḥmar (m)	البحر الأحمر
Gele Zee (de)	al baḥr al aṣfar (m)	البحر الأصفر
Witte Zee (de)	al baḥr al abyaḍ (m)	البحر الأبيض
Kaspische Zee (de)	baḥr qazwīn (m)	بحر قزوين
Dode Zee (de)	al baḥr al mayyit (m)	البحر الميّت
Middellandse Zee (de)	al baḥr al abyaḍ al mutawassiṭ (m)	البحر الأبيض المتوسّط
Egeïsche Zee (de)	baḥr īʒah (m)	بحر إيجة
Adriatische Zee (de)	al baḥr al adriyatīkiy (m)	البحر الأدرياتيكيّ

Nederlands	Transliteratie	Arabisch
Arabische Zee (de)	baḥr al ʿarab (m)	بحر العرب
Japanse Zee (de)	baḥr al yabān (m)	بحر اليابان
Beringzee (de)	baḥr biriŋ (m)	بحر بيرينغ
Zuid-Chinese Zee (de)	baḥr aṣ ṣīn al ʒanūbiy (m)	بحر الصين الجنوبيّ
Koraalzee (de)	baḥr al marʒān (m)	بحر المرجان
Tasmanzee (de)	baḥr tasmān (m)	بحر تسمان
Caribische Zee (de)	al baḥr al karībiy (m)	البحر الكاريبيّ
Barentszzee (de)	baḥr barints (m)	بحر بارينس
Karische Zee (de)	baḥr kara (m)	بحر كارا
Noordzee (de)	baḥr aʃ ʃimāl (m)	بحر الشمال
Baltische Zee (de)	al baḥr al balṭīq (m)	البحر البلطيق
Noorse Zee (de)	baḥr an narwīʒ (m)	بحر النرويج

127. Bergen

Nederlands	Transliteratie	Arabisch
berg (de)	ʒabal (m)	جبل
bergketen (de)	silsilat ʒibāl (f)	سلسلة جبال
gebergte (het)	qimam ʒabaliyya (pl)	قمم جبليّة
bergtop (de)	qimma (f)	قمّة
bergpiek (de)	qimma (f)	قمّة
voet (ov. de berg)	asfal (m)	أسفل
helling (de)	munḥadar (m)	منحدر
vulkaan (de)	burkān (m)	بركان
actieve vulkaan (de)	burkān naʃiṭ (m)	بركان نشط
uitgedoofde vulkaan (de)	burkān xāmid (m)	بركان خامد
uitbarsting (de)	θawrān (m)	ثوران
krater (de)	fūhat al burkān (f)	فوهة البركان
magma (het)	māɣma (f)	ماغما
lava (de)	ḥumam burkāniyya (pl)	حمم بركانيّة
gloeiend (~e lava)	munṣahira	منصهرة
kloof (canyon)	talʿa (m)	تلعة
bergkloof (de)	wādi ḍayyiq (m)	واد ضيّق
spleet (de)	ʃaqq (m)	شقّ
afgrond (de)	hāwiya (f)	هاوية
bergpas (de)	mamarr ʒabaliy (m)	ممرّ جبليّ
plateau (het)	haḍba (f)	هضبة
klip (de)	ʒurf (m)	جرف
heuvel (de)	tall (m)	تلّ
gletsjer (de)	nahr ʒalīdiy (m)	نهر جليديّ
waterval (de)	ʃallāl (m)	شلّال
geiser (de)	fawwāra ḥārra (m)	فوّارة حارّة
meer (het)	buḥayra (f)	بحيرة
vlakte (de)	sahl (m)	سهل
landschap (het)	manẓar ṭabīʿiy (m)	منظر طبيعيّ

echo (de)	ṣada (m)	صدى
alpinist (de)	mutasalliq al ʒibāl (m)	متسلق الجبال
bergbeklimmer (de)	mutasalliq ṣuxūr (m)	متسلق صخور
trotseren (berg ~)	taɣallab ʿala	تغلب على
beklimming (de)	tasalluq (m)	تسلق

128. Bergen namen

Alpen (de)	ʒibāl al alb (pl)	جبال الألب
Mont Blanc (de)	mūn blūn (m)	مون بلون
Pyreneeën (de)	ʒibāl al barānis (pl)	جبال البرانس
Karpaten (de)	ʒibāl al karbāt (pl)	جبال الكاربات
Oeralgebergte (het)	ʒibāl al ʾūrāl (pl)	جبال الأورال
Kaukasus (de)	ʒibāl al qawqāz (pl)	جبال القوقاز
Elbroes (de)	ʒabal ilbrūs (m)	جبل إلبروس
Altaj (de)	ʒibāl altāy (pl)	جبال ألتاي
Tiensjan (de)	ʒibāl tian ʃan (pl)	جبال تيان شان
Pamir (de)	ʒibāl bamīr (pl)	جبال بامير
Himalaya (de)	himalāya (pl)	هيمالايا
Everest (de)	ʒabal ivirist (m)	جبل افرست
Andes (de)	ʒibāl al andīz (pl)	جبال الأنديز
Kilimanjaro (de)	ʒabal kilimanʒāru (m)	جبل كليمنجارو

129. Rivieren

rivier (de)	nahr (m)	نهر
bron (~ van een rivier)	ʿayn (m)	عين
rivierbedding (de)	maʒra an nahr (m)	مجرى النهر
rivierbekken (het)	ḥawḍ (m)	حوض
uitmonden in ...	ṣabb fi ...	صب في...
zijrivier (de)	rāfid (m)	رافد
oever (de)	ḍiffa (f)	ضفة
stroming (de)	tayyār (m)	تيّار
stroomafwaarts (bw)	f ittiʒāh maʒra an nahr	في إتجاه مجرى النهر
stroomopwaarts (bw)	ḍidd at tayyār	ضد التيّار
overstroming (de)	ɣamr (m)	غمر
overstroming (de)	fayaḍān (m)	فيضان
buiten zijn oevers treden	fāḍ	فاض
overstromen (ww)	ɣamar	غمر
zandbank (de)	miyāh ḍaḥla (f)	مياه ضحلة
stroomversnelling (de)	munḥadar an nahr (m)	منحدر النهر
dam (de)	sadd (m)	سدّ
kanaal (het)	qanāt (f)	قناة
spaarbekken (het)	xazzān māʾiy (m)	خزّان مائيّ

sluis (de)	hawīs (m)	هويس
waterlichaam (het)	masṭaḥ māʾiy (m)	مسطح مائيّ
moeras (het)	mustanqaʿ (m)	مستنقع
broek (het)	mustanqaʿ (m)	مستنقع
draaikolk (de)	dawwāma (f)	دوّامة
stroom (de)	ʒadwal māʾiy (m)	جدول مائيّ
drink- (abn)	aʃʃurb	الشرب
zoet (~ water)	ʿaðb	عذب
ijs (het)	ʒalīd (m)	جليد
bevriezen (rivier, enz.)	taʒammad	تجمّد

130. Namen van rivieren

Seine (de)	nahr as sīn (m)	نهر السين
Loire (de)	nahr al luaːr (m)	نهر اللوار
Theems (de)	nahr at tīmz (m)	نهر التيمز
Rijn (de)	nahr ar rayn (m)	نهر الراين
Donau (de)	nahr ad danūb (m)	نهر الدانوب
Wolga (de)	nahr al vulɣa (m)	نهر الفولغا
Don (de)	nahr ad dūn (m)	نهر الدون
Lena (de)	nahr līna (m)	نهر لينا
Gele Rivier (de)	an nahr al aṣfar (m)	النهر الأصفر
Blauwe Rivier (de)	nahr al yanɣtsi (m)	نهر اليانغتسي
Mekong (de)	nahr al mikunɣ (m)	نهر الميكونغ
Ganges (de)	nahr al ɣānʒ (m)	نهر الغانج
Nijl (de)	nahr an nīl (m)	نهر النيل
Kongo (de)	nahr al kunɣu (m)	نهر الكونغو
Okavango (de)	nahr ukavanʒu (m)	نهر اوكافانجو
Zambezi (de)	nahr az zambizi (m)	نهر الزمبيزي
Limpopo (de)	nahr limbubu (m)	نهر ليمبوبو
Mississippi (de)	nahr al mississibbi (m)	نهر الميسيسيبي

131. Bos

bos (het)	ɣāba (f)	غابة
bos- (abn)	ɣāba	غابة
oerwoud (dicht bos)	ɣāba kaθīfa (f)	غابة كثيفة
bosje (klein bos)	ɣāba ṣaɣīra (f)	غابة صغيرة
open plek (de)	minṭaqa uzīlat minha al aʃʒār (f)	منطقة أزيلت منها الأشجار
struikgewas (het)	aʒama (f)	أجمة
struiken (mv.)	ʃuʒayrāt (pl)	شجيرات
paadje (het)	mamarr (m)	ممر
ravijn (het)	wādi ḍayyiq (m)	واد ضيّق

boom (de)	ʃaʒara (f)	شجرة
blad (het)	waraqa (f)	ورقة
gebladerte (het)	waraq (m)	ورق
vallende bladeren (mv.)	tasāquṭ al awrāq (m)	تساقط الأوراق
vallen (ov. de bladeren)	saqaṭ	سقط
boomtop (de)	ra's (m)	رأس
tak (de)	ɣuṣn (m)	غصن
ent (de)	ɣuṣn (m)	غصن
knop (de)	bur'um (m)	برعم
naald (de)	ʃawka (f)	شوكة
dennenappel (de)	kūz aṣ ṣanawbar (m)	كوز الصنوبر
boom holte (de)	ʒawf (m)	جوف
nest (het)	'uʃʃ (m)	عشّ
hol (het)	ʒuḥr (m)	جحر
stam (de)	ʒiðʕ (m)	جذع
wortel (bijv. boom~s)	ʒiðr (m)	جذر
schors (de)	liḥā' (m)	لحاء
mos (het)	ṭuḥlub (m)	طحلب
ontwortelen (een boom)	iqtalaʕ	إقتلع
kappen (een boom ~)	qaṭaʕ	قطع
ontbossen (ww)	azāl al ɣābāt	أزال الغابات
stronk (de)	ʒiðʕ aʃ ʃaʒara (m)	جذع الشجرة
kampvuur (het)	nār muxayyam (m)	نار مخيّم
bosbrand (de)	ḥarīq ɣāba (m)	حريق غابة
blussen (ww)	aṭfa'	أطفأ
boswachter (de)	ḥāris al ɣāba (m)	حارس الغابة
bescherming (de)	ḥimāya (f)	حماية
beschermen (bijv. de natuur ~)	ḥama	حمى
stroper (de)	sāriq aṣ ṣayd (m)	سارق الصيد
val (de)	maṣyada (f)	مصيدة
plukken (vruchten, enz.)	ʒamaʕ	جمع
verdwalen (de weg kwijt zijn)	tāh	تاه

132. Natuurlijke hulpbronnen

natuurlijke rijkdommen (mv.)	θarawāt ṭabīʕiyya (pl)	ثروات طبيعيّة
delfstoffen (mv.)	maʕādin (pl)	معادن
lagen (mv.)	makāmin (pl)	مكامن
veld (bijv. olie~)	ḥaql (m)	حقل
winnen (uit erts ~)	istaxraʒ	إستخرج
winning (de)	istixrāʒ (m)	إستخراج
erts (het)	xām (m)	خام
mijn (bijv. kolenmijn)	manʒam (m)	منجم
mijnschacht (de)	manʒam (m)	منجم

mijnwerker (de)	ʽāmil manʒam (m)	عامل منجم
gas (het)	ɣāz (m)	غاز
gasleiding (de)	χaṭṭ anābīb ɣāz (m)	خط أنابيب غاز
olie (aardolie)	nafṭ (m)	نفط
olieleiding (de)	anābīb an nafṭ (pl)	أنابيب النفط
oliebron (de)	bi'r an nafṭ (m)	بئر النفط
boortoren (de)	ḥaffāra (f)	حفّارة
tanker (de)	nāqilat an nafṭ (f)	ناقلة النفط
zand (het)	raml (m)	رمل
kalksteen (de)	ḥaʒar kalsiy (m)	حجر كلسيّ
grind (het)	ḥaṣa (m)	حصى
veen (het)	χaθθ faḥm nabātiy (m)	خثّ فحم نباتيّ
klei (de)	ṭīn (m)	طين
steenkool (de)	faḥm (m)	فحم
ijzer (het)	ḥadīd (m)	حديد
goud (het)	ðahab (m)	ذهب
zilver (het)	fiḍḍa (f)	فضّة
nikkel (het)	nikil (m)	نيكل
koper (het)	nuḥās (m)	نحاس
zink (het)	zink (m)	زنك
mangaan (het)	manɣanīz (m)	منغنيز
kwik (het)	zi'baq (m)	زئبق
lood (het)	ruṣāṣ (m)	رصاص
mineraal (het)	maʽdan (m)	معدن
kristal (het)	ballūra (f)	بلّورة
marmer (het)	ruχām (m)	رخام
uraan (het)	yurānuim (m)	يورانيوم

De Aarde. Deel 2

133. Weer

weer (het)	ṭaqs (m)	طقس
weersvoorspelling (de)	naʃra ʒawwiyya (f)	نشرة جوّيّة
temperatuur (de)	ḥarāra (f)	حرارة
thermometer (de)	tirmūmitr (m)	ترمومتر
barometer (de)	barūmitr (m)	بارومتر
vochtig (bn)	raṭib	رطب
vochtigheid (de)	ruṭūba (f)	رطوبة
hitte (de)	ḥarāra (f)	حرارة
heet (bn)	ḥārr	حارّ
het is heet	al ʒaww ḥārr	الجوّ حارّ
het is warm	al ʒaww dāfi'	الجوّ دافئ
warm (bn)	dāfi'	دافئ
het is koud	al ʒaww bārid	الجوّ بارد
koud (bn)	bārid	بارد
zon (de)	ʃams (f)	شمس
schijnen (de zon)	aḍā'	أضاء
zonnig (~e dag)	muʃmis	مشمس
opgaan (ov. de zon)	ʃaraq	شرق
ondergaan (ww)	ɣarab	غرب
wolk (de)	saḥāba (f)	سحابة
bewolkt (bn)	ɣā'im	غائم
regenwolk (de)	saḥābat maṭar (f)	سحابة مطر
somber (bn)	ɣā'im	غائم
regen (de)	maṭar (m)	مطر
het regent	innaha tamṭur	إنّها تمطر
regenachtig (bn)	mumṭir	ممطر
motregenen (ww)	raðð	رذّ
plensbui (de)	maṭar munhamir (f)	مطر منهمر
stortbui (de)	maṭar ɣazīr (m)	مطر غزير
hard (bn)	ʃadīd	شديد
plas (de)	birka (f)	بركة
nat worden (ww)	ibtall	إبتلّ
mist (de)	ḍabāb (m)	ضباب
mistig (bn)	muḍabbab	مضبّب
sneeuw (de)	θalʒ (m)	ثلج
het sneeuwt	innaha taθluʒ	إنّها تثلج

134. Zwaar weer. Natuurrampen

noodweer (storm)	'āṣifa ra'diyya (f)	عاصفة رعديّة
bliksem (de)	barq (m)	برق
flitsen (ww)	baraq	برق

donder (de)	ra'd (m)	رعد
donderen (ww)	ra'ad	رعد
het dondert	tar'ad as samā'	ترعد السماء

hagel (de)	maṭar bard (m)	مطر برد
het hagelt	tamṭur as samā' bardan	تمطر السماء بردًا

overstromen (ww)	ɣamar	غمر
overstroming (de)	fayaḍān (m)	فيضان

aardbeving (de)	zilzāl (m)	زلزال
aardschok (de)	hazza arḍiyya (f)	هزّة أرضيّة
epicentrum (het)	markaz az zilzāl (m)	مركز الزلزال

uitbarsting (de)	θawrān (m)	ثوران
lava (de)	ḥumam burkāniyya (pl)	حمم بركانيّة

wervelwind, windhoos (de)	i'ṣār (m)	إعصار
tyfoon (de)	ṭūfān (m)	طوفان

orkaan (de)	i'ṣār (m)	إعصار
storm (de)	'āṣifa (f)	عاصفة
tsunami (de)	tsunāmi (m)	تسونامي

cycloon (de)	i'ṣār (m)	إعصار
onweer (het)	ṭaqs sayyi' (m)	طقس سيّء
brand (de)	ḥarīq (m)	حريق
ramp (de)	kāriθa (f)	كارثة
meteoriet (de)	ḥaʒar nayzakiy (m)	حجر نيزكيّ

lawine (de)	inhiyār θalʒiy (m)	إنهيار ثلجيّ
sneeuwverschuiving (de)	inhiyār θalʒiy (m)	إنهيار ثلجيّ
sneeuwjacht (de)	'āṣifa θalʒiyya (f)	عاصفة ثلجيّة
sneeuwstorm (de)	'āṣifa θalʒiyya (f)	عاصفة ثلجيّة

Fauna

135. Zoogdieren. Roofdieren

roofdier (het)	ḥayawān muftaris (m)	حيوان مفترس
tijger (de)	namir (m)	نمر
leeuw (de)	asad (m)	أسد
wolf (de)	ðiʾb (m)	ذئب
vos (de)	θaʻlab (m)	ثعلب
jaguar (de)	namir amrīkiy (m)	نمر أمريكيّ
luipaard (de)	fahd (m)	فهد
jachtluipaard (de)	namir ṣayyād (m)	نمر صيّاد
panter (de)	namir aswad (m)	نمر أسود
poema (de)	būma (m)	بوما
sneeuwluipaard (de)	namir aθ θulūʒ (m)	نمر الثلوج
lynx (de)	waʃaq (m)	وشق
coyote (de)	qayūṭ (m)	قيوط
jakhals (de)	ibn ʾāwa (m)	ابن آوى
hyena (de)	ḍabuʻ (m)	ضبع

136. Wilde dieren

dier (het)	ḥayawān (m)	حيوان
beest (het)	ḥayawān (m)	حيوان
eekhoorn (de)	sinʒāb (m)	سنجاب
egel (de)	qumfuð (m)	قنفذ
haas (de)	arnab barriy (m)	أرنب برّيّ
konijn (het)	arnab (m)	أرنب
das (de)	ɣarīr (m)	غرير
wasbeer (de)	rākūn (m)	راكون
hamster (de)	qidād (m)	قداد
marmot (de)	marmuṭ (m)	مرموط
mol (de)	χuld (m)	خلد
muis (de)	faʾr (m)	فأر
rat (de)	ʒurað (m)	جرذ
vleermuis (de)	χuffāʃ (m)	خفّاش
hermelijn (de)	qāqum (m)	قاقم
sabeldier (het)	sammūr (m)	سمّور
marter (de)	dalaq (m)	دلق
wezel (de)	ibn ʻirs (m)	إبن عرس
nerts (de)	mink (m)	منك

bever (de)	qundus (m)	قندس
otter (de)	quḍāʻa (f)	قضاعة
paard (het)	ḥiṣān (m)	حصان
eland (de)	mūẓ (m)	موظ
hert (het)	ayyil (m)	أيّل
kameel (de)	ʒamal (m)	جمل
bizon (de)	bisūn (m)	بيسون
oeros (de)	θawr barriy (m)	ثور برّي
buffel (de)	ʒāmūs (m)	جاموس
zebra (de)	ḥimār zarad (m)	حمار زرد
antilope (de)	ẓabiy (m)	ظبي
ree (de)	yaḥmūr (m)	يحمور
damhert (het)	ayyil asmar urubbiy (m)	أيّل أسمر أوروبيّ
gems (de)	ʃamwāh (f)	شاموه
everzwijn (het)	xinzīr barriy (m)	خنزير برّي
walvis (de)	ḥūt (m)	حوت
rob (de)	fuqma (f)	فقمة
walrus (de)	fazz (m)	فظّ
zeehond (de)	fuqmat al firāʼ (f)	فقمة الفراء
dolfijn (de)	dilfīn (m)	دلفين
beer (de)	dubb (m)	دبّ
ijsbeer (de)	dubb quṭbiy (m)	دبّ قطبيّ
panda (de)	bānda (m)	باندا
aap (de)	qird (m)	قرد
chimpansee (de)	ʃimbanzi (m)	شيمبانزي
orang-oetan (de)	urangutān (m)	أورنغوتان
gorilla (de)	ɣurīlla (f)	غوريلا
makaak (de)	qird al makāk (m)	قرد المكاك
gibbon (de)	ʒibbūn (m)	جيبون
olifant (de)	fīl (m)	فيل
neushoorn (de)	xartīt (m)	خرتيت
giraffe (de)	zarāfa (f)	زرافة
nijlpaard (het)	faras an nahr (m)	فرس النهر
kangoeroe (de)	kanɣar (m)	كنغر
koala (de)	kuala (m)	كوالا
mangoest (de)	nims (m)	نمس
chinchilla (de)	ʃinʃīla (f)	شنشيلة
stinkdier (het)	ẓaribān (m)	ظربان
stekelvarken (het)	nīṣ (m)	نيص

137. Huisdieren

poes (de)	qiṭṭa (f)	قطّة
kater (de)	ðakar al qiṭṭ (m)	ذكر القطّ
hond (de)	kalb (m)	كلب

paard (het)	ḥiṣān (m)	حصان
hengst (de)	faḥl al xayl (m)	فحل الخيل
merrie (de)	unθa al faras (f)	أنثى الفرس
koe (de)	baqara (f)	بقرة
stier (de)	θawr (m)	ثور
os (de)	θawr (m)	ثور
schaap (het)	xarūf (f)	خروف
ram (de)	kabʃ (m)	كبش
geit (de)	māʿiz (m)	ماعز
bok (de)	ðakar al māʿið (m)	ذكر الماعز
ezel (de)	ḥimār (m)	حمار
muilezel (de)	baɣl (m)	بغل
varken (het)	xinzīr (m)	خنزير
biggetje (het)	xannūṣ (m)	خنّوص
konijn (het)	arnab (m)	أرنب
kip (de)	daʒāʒa (f)	دجاجة
haan (de)	dīk (m)	ديك
eend (de)	baṭṭa (f)	بطّة
woerd (de)	ðakar al baṭṭ (m)	ذكر البطّ
gans (de)	iwazza (f)	إوزّة
kalkoen haan (de)	dīk rūmiy (m)	ديك روميّ
kalkoen (de)	daʒāʒ rūmiy (m)	دجاج روميّ
huisdieren (mv.)	ḥayawānāt dawāʒin (pl)	حيوانات دواجن
tam (bijv. hamster)	alīf	أليف
temmen (tam maken)	allaf	ألّف
fokken (bijv. paarden ~)	rabba	ربّى
boerderij (de)	mazraʿa (f)	مزرعة
gevogelte (het)	ṭuyūr dāʒina (pl)	طيور داجنة
rundvee (het)	māʃiya (f)	ماشية
kudde (de)	qaṭīʿ (m)	قطيع
paardenstal (de)	isṭabl xayl (m)	إسطبل خيل
zwijnenstal (de)	ḥaẓīrat al xanāzīr (f)	حظيرة الخنازير
koeienstal (de)	zirībat al baqar (f)	زريبة البقر
konijnenhok (het)	qunn al arānib (m)	قنّ الأرانب
kippenhok (het)	qunn ad daʒāʒ (m)	قنّ الدجاج

138. Vogels

vogel (de)	ṭāʾir (m)	طائر
duif (de)	ḥamāma (f)	حمامة
mus (de)	ʿuṣfūr (m)	عصفور
koolmees (de)	qurquf (m)	قرقف
ekster (de)	ʿaqʿaq (m)	عقعق
raaf (de)	ɣurāb aswad (m)	غراب أسود

kraai (de)	ɣurāb (m)	غراب
kauw (de)	zāɣ (m)	زاغ
roek (de)	ɣurāb al qayẓ (m)	غراب القيظ

eend (de)	baṭṭa (f)	بطّة
gans (de)	iwazza (f)	إوزّة
fazant (de)	tadarruʒ (m)	تدرج

arend (de)	nasr (m)	نسر
havik (de)	bāz (m)	باز
valk (de)	ṣaqr (m)	صقر
gier (de)	raxam (m)	رخم
condor (de)	kundūr (m)	كندور

zwaan (de)	timma (m)	تمّة
kraanvogel (de)	kurkiy (m)	كركيّ
ooievaar (de)	laqlaq (m)	لقلق

papegaai (de)	babaɣā' (m)	ببغاء
kolibrie (de)	ṭannān (m)	طنّان
pauw (de)	ṭāwūs (m)	طاووس

struisvogel (de)	na'āma (f)	نعامة
reiger (de)	balaʃūn (m)	بلشون
flamingo (de)	nuḥām wardiy (m)	نحام ورديّ
pelikaan (de)	baʒa'a (f)	بجعة

nachtegaal (de)	bulbul (m)	بلبل
zwaluw (de)	sunūnū (m)	سنونو

lijster (de)	sumna (m)	سمنة
zanglijster (de)	summuna muɣarrida (m)	سمنة مغرّدة
merel (de)	ʃaḥrūr aswad (m)	شحرور أسود

gierzwaluw (de)	samāma (m)	سمامة
leeuwerik (de)	qubbara (f)	قبّرة
kwartel (de)	sammān (m)	سمّان

specht (de)	naqqār al xaʃab (m)	نقّار الخشب
koekoek (de)	waqwāq (m)	وقواق
uil (de)	būma (f)	بومة
oehoe (de)	būm urāsiy (m)	بوم أوراسيّ
auerhoen (het)	dīk il xalanʒ (m)	ديك الخلنج
korhoen (het)	ṭayhūʒ aswad (m)	طيهوج أسود
patrijs (de)	ḥaʒal (m)	حجل

spreeuw (de)	zurzūr (m)	زرزور
kanarie (de)	kanāriy (m)	كناريّ
hazelhoen (het)	ṭayhūʒ il bunduq (m)	طيهوج البندق

vink (de)	ʃurʃūr (m)	شرشور
goudvink (de)	diɣnāʃ (m)	دغناش

meeuw (de)	nawras (m)	نورس
albatros (de)	al qaṭras (m)	القطرس
pinguïn (de)	biṭrīq (m)	بطريق

139. Vis. Zeedieren

brasem (de)	abramīs (m)	أبراميس
karper (de)	ʃabbūṭ (m)	شبّوط
baars (de)	farχ (m)	فرخ
meerval (de)	qarmūṭ (m)	قرموط
snoek (de)	samak al karāki (m)	سمك الكراكي
zalm (de)	salmūn (m)	سلمون
steur (de)	ḥaʃʃ (m)	حفش
haring (de)	rinʒa (f)	رنجة
atlantische zalm (de)	salmūn aṭlasiy (m)	سلمون أطلسيّ
makreel (de)	usqumriy (m)	أسقمريّ
platvis (de)	samak mufalṭaḥ (f)	سمك مفلطح
snoekbaars (de)	samak sandar (m)	سمك سندر
kabeljauw (de)	qudd (m)	قدّ
tonijn (de)	tūna (f)	تونة
forel (de)	salmūn muraqqaṭ (m)	سلمون مرقّط
paling (de)	ḥankalīs (m)	حنكليس
sidderrog (de)	raʿʿād (m)	رعّاد
murene (de)	murāy (m)	موراي
piranha (de)	birāna (f)	بيرانا
haai (de)	qirʃ (m)	قرش
dolfijn (de)	dilfīn (m)	دلفين
walvis (de)	ḥūt (m)	حوت
krab (de)	salṭaʿūn (m)	سلطعون
kwal (de)	qindīl al baḥr (m)	قنديل البحر
octopus (de)	uχṭubūṭ (m)	أخطبوط
zeester (de)	naʒmat al baḥr (f)	نجمة البحر
zee-egel (de)	qumfuð al baḥr (m)	قنفذ البحر
zeepaardje (het)	ḥiṣān al baḥr (m)	فرس البحر
oester (de)	maḥār (m)	محار
garnaal (de)	ʒambari (m)	جمبريّ
kreeft (de)	istakūza (f)	إستكوزا
langoest (de)	karkand ʃāik (m)	كركند شائك

140. Amfibieën. Reptielen

slang (de)	θuʿbān (m)	ثعبان
giftig (slang)	sāmm	سامّ
adder (de)	afʿa (f)	أفعى
cobra (de)	kūbra (m)	كوبرا
python (de)	biθūn (m)	بيثون
boa (de)	buwāʾ (f)	بواء
ringslang (de)	θuʿbān al ʿuʃb (m)	ثعبان العشب

ratelslang (de)	af'a al ʒalʒala (f)	أفعى الجلجلة
anaconda (de)	anakūnda (f)	أناكوندا
hagedis (de)	siħliyya (f)	سحليّة
leguaan (de)	iɣwāna (f)	إغوانة
varaan (de)	waral (m)	ورل
salamander (de)	samandar (m)	سمندر
kameleon (de)	ħirbā' (f)	حرباء
schorpioen (de)	'aqrab (m)	عقرب
schildpad (de)	sulaħfāt (f)	سلحفاة
kikker (de)	ḍifḍa' (m)	ضفدع
pad (de)	ḍifḍa' aṭ ṭīn (m)	ضفدع الطين
krokodil (de)	timsāħ (m)	تمساح

141. Insecten

insect (het)	ħaʃara (f)	حشرة
vlinder (de)	farāʃa (f)	فراشة
mier (de)	namla (f)	نملة
vlieg (de)	ðubāba (f)	ذبابة
mug (de)	namūsa (f)	ناموسة
kever (de)	χunfusa (f)	خنفسة
wesp (de)	dabbūr (m)	دبّور
bij (de)	naħla (f)	نحلة
hommel (de)	naħla ṭannāna (f)	نحلة طنّانة
horzel (de)	na'ra (f)	نعرة
spin (de)	'ankabūt (m)	عنكبوت
spinnenweb (het)	nasīʒ 'ankabūt (m)	نسيج عنكبوت
libel (de)	ya'sūb (m)	يعسوب
sprinkhaan (de)	ʒarād (m)	جراد
nachtvlinder (de)	'itta (f)	عتّة
kakkerlak (de)	ṣurṣūr (m)	صرصور
teek (de)	qurāda (f)	قرادة
vlo (de)	burɣūθ (m)	برغوث
kriebelmug (de)	ba'ūḍa (f)	بعوضة
treksprinkhaan (de)	ʒarād (m)	جراد
slak (de)	ħalzūn (m)	حلزون
krekel (de)	ṣarrār al layl (m)	صرّار الليل
glimworm (de)	yarā'a muḍī'a (f)	يراعة مضيئة
lieveheersbeestje (het)	da'sūqa (f)	دعسوقة
meikever (de)	χunfusa kabīra (f)	خنفسة كبيرة
bloedzuiger (de)	'alaqa (f)	علقة
rups (de)	yasrū' (m)	يسروع
aardworm (de)	dūda (f)	دودة
larve (de)	yaraqa (f)	يرقة

Flora

142. Bomen

boom (de)	ʃaӡara (f)	شجرة
loof- (abn)	nafḍiyya	نفضيّة
dennen- (abn)	ṣanawbariyya	صنوبريّة
groenblijvend (bn)	dā'imat al xuḍra	دائمة الخضرة
appelboom (de)	ʃaӡarat tuffāḥ (f)	شجرة تفّاح
perenboom (de)	ʃaӡarat kummaθra (f)	شجرة كمّثرى
kers (de)	ʃaӡarat karaz (f)	شجرة كرز
pruimelaar (de)	ʃaӡarat barqūq (f)	شجرة برقوق
berk (de)	batūla (f)	بتولا
eik (de)	ballūṭ (f)	بلّوط
linde (de)	ʃaӡarat zayzafūn (f)	شجرة زيزفون
esp (de)	ḥawr raӡrāӡ (m)	حور رجراج
esdoorn (de)	qayqab (f)	قيقب
spar (de)	ratinaӡ (f)	راتينج
den (de)	ṣanawbar (f)	صنوبر
lariks (de)	arziyya (f)	أرزيّة
zilverspar (de)	tannūb (f)	تنّوب
ceder (de)	arz (f)	أرز
populier (de)	ḥawr (f)	حور
lijsterbes (de)	ɣubayrā' (f)	غبيراء
wilg (de)	ṣafṣāf (f)	صفصاف
els (de)	ӡār il mā' (m)	جار الماء
beuk (de)	zān (m)	زان
iep (de)	dardār (f)	دردار
es (de)	marān (f)	مران
kastanje (de)	kastanā' (f)	كستناء
magnolia (de)	maɣnūliya (f)	مغنوليا
palm (de)	naxla (f)	نخلة
cipres (de)	sarw (f)	سرو
mangrove (de)	ayka sāḥiliyya (f)	أيكة ساحليّة
baobab (apenbroodboom)	bāubāb (f)	باوباب
eucalyptus (de)	ukaliptus (f)	أوكاليبتوس
mammoetboom (de)	siqūya (f)	سيكويا

143. Heesters

struik (de)	ʃuӡayra (f)	شجيرة
heester (de)	ʃuӡayrāt (pl)	شجيرات

wijnstok (de)	karma (f)	كرمة
wijngaard (de)	karam (m)	كرم
frambozenstruik (de)	tūt al ʻullayq al aḥmar (m)	توت العليق الأحمر
rode bessenstruik (de)	kiʃmiʃ aḥmar (m)	كشمش أحمر
kruisbessenstruik (de)	ʻinab aθ θaʻlab (m)	عنب الثعلب
acacia (de)	sanṭ (f)	سنط
zuurbes (de)	amīr barīs (m)	أمير باريس
jasmijn (de)	yāsmīn (m)	ياسمين
jeneverbes (de)	ʻarʻar (m)	عرعر
rozenstruik (de)	ʃuʒayrat ward (f)	شجيرة ورد
hondsroos (de)	ward ʒabaliy (m)	ورد جبليّ

144. Vruchten. Bessen

vrucht (de)	θamra (f)	ثمرة
vruchten (mv.)	θamr (m)	ثمر
appel (de)	tuffāḥa (f)	تفّاحة
peer (de)	kummaθra (f)	كمّثرى
pruim (de)	barqūq (m)	برقوق
aardbei (de)	farawla (f)	فراولة
zoete kers (de)	karaz (m)	كرز
druif (de)	ʻinab (m)	عنب
framboos (de)	tūt al ʻullayq al aḥmar (m)	توت العليق الأحمر
zwarte bes (de)	ʻinab aθ θaʻlab al aswad (m)	عنب الثعلب الأسود
rode bes (de)	kiʃmiʃ aḥmar (m)	كشمش أحمر
kruisbes (de)	ʻinab aθ θaʻlab (m)	عنب الثعلب
veenbes (de)	tūt aḥmar barriy (m)	توت أحمر برّيّ
sinaasappel (de)	burtuqāl (m)	برتقال
mandarijn (de)	yūsufiy (m)	يوسفي
ananas (de)	ananās (m)	أناناس
banaan (de)	mawz (m)	موز
dadel (de)	tamr (m)	تمر
citroen (de)	laymūn (m)	ليمون
abrikoos (de)	miʃmiʃ (f)	مشمش
perzik (de)	durrāq (m)	دراق
kiwi (de)	kiwi (m)	كيوي
grapefruit (de)	zinbāʻ (m)	زنباع
bes (de)	ḥabba (f)	حبّة
bessen (mv.)	ḥabbāt (pl)	حبّات
vossenbes (de)	ʻinab aθ θawr (m)	عنب الثور
bosaardbei (de)	farāwla barriyya (f)	فراولة برّيّة
bosbes (de)	ʻinab al aḥrāʒ (m)	عنب الأحراج

145. Bloemen. Planten

bloem (de)	zahra (f)	زهرة
boeket (het)	bāqat zuhūr (f)	باقة زهور
roos (de)	warda (f)	وردة
tulp (de)	tulīb (f)	توليب
anjer (de)	qurumful (m)	قرنفل
gladiool (de)	dalbūθ (f)	دلبوث
korenbloem (de)	turunʃāh (m)	ترنشاه
klokje (het)	ʒarīs (m)	جريس
paardenbloem (de)	hindibā' (f)	هندباء
kamille (de)	babunʒ (m)	بابونج
aloë (de)	aluwwa (m)	ألوّة
cactus (de)	ṣabbār (m)	صبّار
ficus (de)	tīn (m)	تين
lelie (de)	sawsan (m)	سوسن
geranium (de)	ibrat ar rā'i (f)	إبرة الراعي
hyacint (de)	zanbaq (f)	زنبق
mimosa (de)	mimūza (f)	ميموزا
narcis (de)	narʒis (f)	نرجس
Oostindische kers (de)	abu xanʒar (f)	أبو خنجر
orchidee (de)	saḥlab (f)	سحلب
pioenroos (de)	fawniya (f)	فاوانيا
viooltje (het)	banafsaʒ (f)	بنفسج
driekleurig viooltje (het)	banafsaʒ muθallaθ (m)	بنفسج مثلّث
vergeet-mij-nietje (het)	'āðān al fa'r (pl)	آذان الفأر
madeliefje (het)	uqḥuwān (f)	أقحوان
papaver (de)	xaʃxāʃ (f)	خشخاش
hennep (de)	qinnab (m)	قنب
munt (de)	na'nā' (m)	نعناع
lelietje-van-dalen (het)	sawsan al wādi (m)	سوسن الوادي
sneeuwklokje (het)	zahrat al laban (f)	زهرة اللبن
brandnetel (de)	qarrāṣ (m)	قرّاص
veldzuring (de)	ḥammāḍ (m)	حمّاض
waterlelie (de)	nilūfar (m)	نيلوفر
varen (de)	saraxs (m)	سرخس
korstmos (het)	uʃna (f)	أشنة
oranjerie (de)	dafi'a (f)	دفيئة
gazon (het)	'uʃb (m)	عشب
bloemperk (het)	ʒunaynat zuhūr (f)	جنينة زهور
plant (de)	nabāt (m)	نبات
gras (het)	'uʃb (m)	عشب
grraspriet (de)	'uʃba (f)	عشبة

blad (het)	waraqa (f)	ورقة
bloemblad (het)	waraqat az zahra (f)	ورقة الزهرة
stengel (de)	sāq (f)	ساق
knol (de)	darnat nabāt (f)	درنة نبات
scheut (de)	nabta sayīra (f)	نبتة صغيرة
doorn (de)	ʃawka (f)	شوكة
bloeien (ww)	nawwar	نوّر
verwelken (ww)	ðabal	ذبل
geur (de)	rā'iḥa (f)	رائحة
snijden (bijv. bloemen ~)	qataʻ	قطع
plukken (bloemen ~)	qaṭaf	قطف

146. Granen, graankorrels

graan (het)	ḥubūb (pl)	حبوب
graangewassen (mv.)	maḥāṣīl al ḥubūb (pl)	محاصيل الحبوب
aar (de)	sumbula (f)	سنبلة
tarwe (de)	qamḥ (m)	قمح
rogge (de)	ʒāwdār (m)	جاودار
haver (de)	ʃūfān (m)	شوفان
gierst (de)	duxn (m)	دخن
gerst (de)	ʃaʻīr (m)	شعير
maïs (de)	ðura (f)	ذرّة
rijst (de)	urz (m)	أرز
boekweit (de)	ḥinṭa sawdā' (f)	حنطة سوداء
erwt (de)	bisilla (f)	بسلّة
boon (de)	faṣūliya (f)	فاصوليا
soja (de)	fūl aṣ ṣūya (m)	فول الصويا
linze (de)	ʻadas (m)	عدس
bonen (mv.)	fūl (m)	فول

LANDEN. NATIONALITEITEN

147. West-Europa

| Europa (het) | urūbba (f) | أوروبا |
| Europese Unie (de) | al ittiḥād al urubbiy (m) | الإتّحاد الأوروبيّ |

Oostenrijk (het)	an nimsa (f)	النمسا
Groot-Brittannië (het)	briṭāniya al 'uẓma (f)	بريطانيا العظمى
Engeland (het)	inʒiltirra (f)	إنجلترًا
België (het)	balʒīka (f)	بلجيكا
Duitsland (het)	almāniya (f)	ألمانيا

Nederland (het)	hulanda (f)	هولندا
Holland (het)	hulanda (f)	هولندا
Griekenland (het)	al yūnān (f)	اليونان
Denemarken (het)	ad danimārk (f)	الدانمارك
Ierland (het)	irlanda (f)	أيرلندا
IJsland (het)	'āyslanda (f)	آيسلندا

Spanje (het)	isbāniya (f)	إسبانيا
Italië (het)	iṭāliya (f)	إيطاليا
Cyprus (het)	qubruṣ (f)	قبرص
Malta (het)	malṭa (f)	مالطا

Noorwegen (het)	an nirwīʒ (f)	النرويج
Portugal (het)	al burtuɣāl (f)	البرتغال
Finland (het)	finlanda (f)	فنلندا
Frankrijk (het)	faransa (f)	فرنسا

Zweden (het)	as suwayd (f)	السويد
Zwitserland (het)	swīsra (f)	سويسرا
Schotland (het)	iskutlanda (f)	اسكتلندا

Vaticaanstad (de)	al vatikān (m)	الفاتيكان
Liechtenstein (het)	liʃtinʃtāyn (m)	ليشتنشتاين
Luxemburg (het)	luksimburɣ (f)	لوكسمبورغ
Monaco (het)	munāku (f)	موناكو

148. Centraal- en Oost-Europa

Albanië (het)	albāniya (f)	ألبانيا
Bulgarije (het)	bulɣāriya (f)	بلغاريا
Hongarije (het)	al maʒar (f)	المجر
Letland (het)	lātviya (f)	لاتفيا

| Litouwen (het) | litwāniya (f) | ليتوانيا |
| Polen (het) | bulanda (f) | بولندا |

Roemenië (het)	rumāniya (f)	رومانيا
Servië (het)	ṣirbiya (f)	صربيا
Slowakije (het)	sluvākiya (f)	سلوفاكيا

Kroatië (het)	kruātiya (f)	كرواتيا
Tsjechië (het)	atʃ tʃīk (f)	التشيك
Estland (het)	istūniya (f)	إستونيا

Bosnië en Herzegovina (het)	al busna wal hirsuk (f)	البوسنة والهرسك
Macedonië (het)	maqdūniya (f)	مقدونيا
Slovenië (het)	sluvīniya (f)	سلوفينيا
Montenegro (het)	al ʒabal al aswad (m)	الجبل الأسود

149. Voormalige USSR landen

| Azerbeidzjan (het) | aðarbiʒān (m) | أذربيجان |
| Armenië (het) | armīniya (f) | أرمينيا |

Wit-Rusland (het)	bilarūs (f)	بيلاروس
Georgië (het)	ʒūrʒiya (f)	جورجيا
Kazakstan (het)	kazaχstān (f)	كازاخستان
Kirgizië (het)	qirɣizistān (f)	قيرغيزستان
Moldavië (het)	muldāviya (f)	مولدافيا

| Rusland (het) | rūsiya (f) | روسيا |
| Oekraïne (het) | ukrāniya (f) | أوكرانيا |

Tadzjikistan (het)	taʒīkistān (f)	طاجيكستان
Turkmenistan (het)	turkmānistān (f)	تركمانستان
Oezbekistan (het)	uzbikistān (f)	أوزبكستان

150. Azië

Azië (het)	'āsiya (f)	آسيا
Vietnam (het)	vitnām (f)	فيتنام
India (het)	al hind (f)	الهند
Israël (het)	isrā'īl (f)	إسرائيل

China (het)	aṣ ṣīn (f)	الصين
Libanon (het)	lubnān (f)	لبنان
Mongolië (het)	manɣūliya (f)	منغوليا

| Maleisië (het) | malīziya (f) | ماليزيا |
| Pakistan (het) | bakistān (f) | باكستان |

Saoedi-Arabië (het)	as sa'ūdiyya (f)	السعوديّة
Thailand (het)	taylānd (f)	تايلاند
Taiwan (het)	taywān (f)	تايوان
Turkije (het)	turkiya (f)	تركيا
Japan (het)	al yabān (f)	اليابان
Afghanistan (het)	afɣanistān (f)	أفغانستان
Bangladesh (het)	banʒladīʃ (f)	بنجلاديش

Indonesië (het)	indunīsiya (f)	إندونيسيا
Jordanië (het)	al urdun (m)	الأردن
Irak (het)	al 'irāq (m)	العراق
Iran (het)	īrān (f)	إيران
Cambodja (het)	kambūdya (f)	كمبوديا
Koeweit (het)	al kuwayt (f)	الكويت
Laos (het)	lawus (f)	لاوس
Myanmar (het)	myanmār (f)	ميانمار
Nepal (het)	nibāl (f)	نيبال
Verenigde Arabische Emiraten	al imārāt al 'arabiyya al muttahida (pl)	الإمارات العربيّة المتّحدة
Syrië (het)	sūriya (f)	سوريا
Palestijnse autonomie (de)	filistīn (f)	فلسطين
Zuid-Korea (het)	kuriya al ʒanūbiyya (f)	كوريا الجنوبيّة
Noord-Korea (het)	kūria aʃ ʃimāliyya (f)	كوريا الشماليّة

151. Noord-Amerika

Verenigde Staten van Amerika	al wilāyāt al muttahida al amrīkiyya (pl)	الولايات المتّحدة الأمريكيّة
Canada (het)	kanada (f)	كندا
Mexico (het)	al maksīk (f)	المكسيك

152. Midden- en Zuid-Amerika

Argentinië (het)	arʒantīn (f)	الأرجنتين
Brazilië (het)	al brazīl (f)	البرازيل
Colombia (het)	kulumbiya (f)	كولومبيا
Cuba (het)	kūba (f)	كوبا
Chili (het)	tʃīli (f)	تشيلي
Bolivia (het)	bulīviya (f)	بوليفيا
Venezuela (het)	vinizwiyla (f)	فنزويلا
Paraguay (het)	baraɣwāy (f)	باراغواي
Peru (het)	biru (f)	بيرو
Suriname (het)	surinām (f)	سورينام
Uruguay (het)	uruɣwāy (f)	الأوروغواي
Ecuador (het)	al iqwadūr (f)	الإكوادور
Bahama's (mv.)	ʒuzur bahāmas (pl)	جزر باهاماس
Haïti (het)	haīti (f)	هايتي
Dominicaanse Republiek (de)	ʒumhūriyyat ad duminikan (f)	جمهوريّة الدومينيكان
Panama (het)	banama (f)	بنما
Jamaica (het)	ʒamāyka (f)	جامايكا

153. Afrika

Nederlands	Transliteratie	Arabisch
Egypte (het)	miṣr (f)	مصر
Marokko (het)	al mayrib (m)	المغرب
Tunesië (het)	tūnis (f)	تونس
Ghana (het)	ɣāna (f)	غانا
Zanzibar (het)	zanʒibār (f)	زنجبار
Kenia (het)	kiniya (f)	كينيا
Libië (het)	lībiya (f)	ليبيا
Madagaskar (het)	madaɣaʃqar (f)	مدغشقر
Namibië (het)	namībiya (f)	ناميبيا
Senegal (het)	as siniɣāl (f)	السنغال
Tanzania (het)	tanzāniya (f)	تنزانيا
Zuid-Afrika (het)	ʒumhūriyyat afrīqiya al ʒanūbiyya (f)	جمهريّة أفريقيا الجنويّة

154. Australië. Oceanië

Nederlands	Transliteratie	Arabisch
Australië (het)	usturāliya (f)	أستراليا
Nieuw-Zeeland (het)	nyu zilanda (f)	نيوزيلندا
Tasmanië (het)	tasmāniya (f)	تاسمانيا
Frans-Polynesië	bulinīziya al faransiyya (f)	بولينزيا الفرنسيّة

155. Steden

Nederlands	Transliteratie	Arabisch
Amsterdam	amstirdām (f)	أمستردام
Ankara	anqara (f)	أنقرة
Athene	aθīna (f)	أئينا
Bagdad	baɣdād (f)	بغداد
Bangkok	bankūk (f)	بانكوك
Barcelona	barʃalūna (f)	برشلونة
Beiroet	bayrūt (f)	بيروت
Berlijn	birlīn (f)	برلين
Boedapest	budabist (f)	بودابست
Boekarest	buxarist (f)	بوخارست
Bombay, Mumbai	bumbāy (f)	بومباى
Bonn	būn (f)	بون
Bordeaux	burdu (f)	بوردو
Bratislava	bratislāva (f)	براتيسلافا
Brussel	brūksil (f)	بروكسل
Caïro	al qāhira (f)	القاهرة
Calcutta	kalkutta (f)	كلكتا
Chicago	ʃikāɣu (f)	شيكاغو
Dar Es Salaam	dar as salām (f)	دار السلام
Delhi	dilhi (f)	دلهي

Den Haag	lahāy (f)	لاهاي
Dubai	dibay (f)	دبي
Dublin	dablin (f)	دبلن
Düsseldorf	dusildurf (f)	دوسلدورف
Florence	flurinsa (f)	فلورنسا
Frankfort	frankfurt (f)	فرانكفورت
Genève	ʒinīv (f)	جنيف
Hamburg	hamburɣ (m)	هامبورغ
Hanoi	hanuy (f)	هانوي
Havana	havāna (f)	هافانا
Helsinki	hilsinki (f)	هلسنكي
Hiroshima	hiruʃīma (f)	هيروشيما
Hongkong	hunɣ kunɣ (f)	هونغ كونغ
Istanbul	istanbūl (f)	إسطنبول
Jeruzalem	al quds (f)	القدس
Kiev	kiyiv (f)	كييف
Kopenhagen	kubinhāʒin (f)	كوبنهاجن
Kuala Lumpur	kuala lumpur (f)	كوالالمبور
Lissabon	liʃbūna (f)	لشبونة
Londen	lundun (f)	لندن
Los Angeles	lus anʒilis (f)	لوس أنجلوس
Lyon	liyūn (f)	ليون
Madrid	madrīd (f)	مدريد
Marseille	marsīliya (f)	مرسيليا
Mexico-Stad	madīnat maksiku (f)	مدينة مكسيكو
Miami	mayāmi (f)	ميامي
Montreal	muntriyāl (f)	مونتريال
Moskou	musku (f)	موسكو
München	myūnix̱ (f)	ميونخ
Nairobi	nayrūbi (f)	نيروبي
Napels	nabuli (f)	نابولي
New York	nyu yūrk (f)	نيويورك
Nice	nīs (f)	نيس
Oslo	uslu (f)	أوسلو
Ottawa	uttawa (f)	أوتاوا
Parijs	barīs (f)	باريس
Peking	bikīn (f)	بيكين
Praag	brāɣ (f)	براغ
Rio de Janeiro	riu di ʒaniyru (f)	ريو دي جانيرو
Rome	rūma (f)	روما
Seoel	siūl (f)	سيول
Singapore	sinɣafūra (f)	سنغافورة
Sint-Petersburg	sant bitirsburɣ (f)	سانت بطرسبرغ
Sjanghai	ʃanɣhāy (f)	شانغهاي
Stockholm	stukhūlm (f)	ستوكهولم
Sydney	sidniy (f)	سيدني
Taipei	taybay (f)	تايبيه
Tokio	ṭukyu (f)	طوكيو

Toronto	turūntu (f)	تورونتو
Venetië	al bunduqiyya (f)	البندقيّة
Warschau	warsaw (f)	وارسو
Washington	wāʃinṭun (f)	واشنطن
Wenen	vyīna (f)	فيينا

www.ingramcontent.com/pod-product-compliance
Lightning Source LLC
Chambersburg PA
CBHW070556050426
42450CB00011B/2887